Seurat

par LUCIE COUSTURIER

GEORGES SEURAT

(1859-1891)

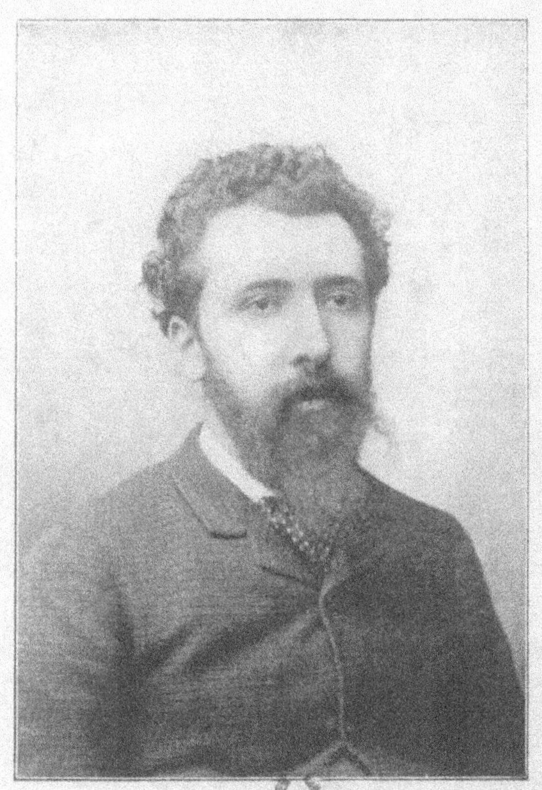

Georges SEURAT

Seurat

PAR LUCIE COUSTURIER

Grès 1926

LES PEINTURES

Si la renommée qui fait retenir le nom de Cézanne et de Renoir oublie Seurat, c'est que l'œuvre de ce dernier, immédiatement happée et fixée dans des collections privées, ne prend presque plus de contact avec le public. C'est par des œuvres successives que les inventeurs apaisent les masses violentées. Leur production totale est comme une conversation qui, par des formes et des nuances insensibles, convainc les auditeurs. Nul, si Seurat eût continué à vivre, n'échapperait aujourd'hui à la domination de son œuvre que l'envergure de son caractère et de son pouvoir créateur promettait d'égaler celle d'un Delacroix.

Seurat est un grand peintre inconnu, dont la personnalité présente l'anomalie, à notre époque, d'une vision juvénile, digne des aubes antiques, et d'une audace unique à la fixer seul, sans l'aide de réminiscences des dieux.

On comprend que le surgissement à pic d'un novateur dont les formules perturbatrices succédaient si vite aux violences des impressionnistes ait irrité le public comme un défi à son infirmité. Mais les rires de la foule et de ses proches même, déchaînés devant ses expositions de Paris, New-York, Bruxelles, Amsterdam, ne troublaient pas le peintre, peu soucieux de succès et de luxe.

Seurat naquit à Paris, en décembre 1859, dans une famille aisée. Après le collège, où il resta jusqu'à seize ans, il travailla quatre années à l'Ecole des Beaux-Arts avant de s'engager dans des voies personnelles.

L'apparence physique de Seurat était semblable à l'idée qu'on se ferait du peintre d'après les figures élancées, raides et calmes qu'il a créées. C'est dans une attitude rigide, où se durcissaient ses formes hautes et pleines, qu'il équilibrait les ardentes poussées de son âme. Nuls déplacements inquiets n'agitaient sa tête harmonieuse et droite sur son buste, ni aucune expression de trouble, ses traits immobiles et réguliers, encadrés de brun. Mais l'occasion d'un bref colloque sur l'art révélait un regard brûlant et une voix psychologique, étranglée par l'impatience d'affirmer de chères convictions.

Seurat, absorbant la tendresse de la lumière et des êtres, était doux comme le faisait prévoir le velours de ses yeux et de ses sourcils noirs, mais il se révélait entier et ombrageux lorsqu'on effleurait l'être intérieur qu'il amplifiait secrètement. Peu soucieux, d'ordinaire, de s'avancer au premier plan des discussions et des causeries, il s'y portait tout entier quand il espérait y nourrir le peintre. Il sortait alors de sa vie profonde avec l'ardeur d'une louve en quête, mais on ne pouvait le suivre dans sa retraite.

Il se montrait aussi peu expansif avec sa mère, normalement tendre, avec qui il prenait ses repas de chaque jour, qu'avec ses amis intimes. Signac, Luce, Angrand, Fénéon ignorèrent jusqu'à sa mort son installation régulière avec une compagne qui lui donna ce fils, anéanti avec lui dans le même mal. Cette mort de Seurat, âgé de trente-deux ans, survint au cours d'une pneumonie infectieuse. L'opinion des témoins du labeur insensé de l'artiste l'explique comme une conséquence de l'appauvrissement d'un organisme surmené au-delà des résistances humaines.

Seurat peignait jour et nuit.

Pendant les dernières années de sa vie, il demeurait
accroché de longues heures à son échelle double placée
contre une grande toile, se hâtant à l'application des
parcelles d'arc-en-ciel représentatives des couleurs loca-
les, des lumières, des réactions. Leurs proportions, obser-
vées dans une étude directe, étaient si définitivement
fixées dans son esprit, qu'il pouvait les répartir, même
sur de grandes surfaces, sans qu'un seul élément mal dosé
jaillisse et clame l'analyse hors du pouvoir absorbant de
la synthèse. Ainsi, il pouvait assurer l'harmonie de ses
compositions pour ainsi dire mathématiquement, dans
n'importe quelles conditions de distance ou degré de
lumière.

Ne l'a-t-on pas vu travailler très avant dans la nuit
malgré les trahisons d'un éclairage artificiel qu'il fallait
défalquer ?

Cette tension permanente d'un esprit attentif à gar-
der des visions précises, ou à favoriser l'élaboration de
conceptions nouvelles, donnait à Seurat une gravité dont
il se départissait peu. Du mur ou du chevalet où on le
trouvait en entrant dans son modeste atelier de Mont-
martre, il se précipitait vite, dès la première interroga-
tion d'un visiteur, sur la surface de son plancher, pour
démontrer à la craie, par d'amples figures, les bénéfices

d'une théorie basée sur le pouvoir expressif de certains angles, de certains volumes. Même chez ses amis, il se laissait peu distraire de ses obsessions par les conversations où il ne se répandait jamais longuement, car il tombait vite en arrêt devant quelque peinture, en s'absorbant devant les toiles de son ami Signac, par exemple, en de longues méditations. Du café même et des réunions nocturnes où il suivait accidentellement ses camarades, il ne sortait jamais, comme eux, enclin à l'insouciance et aux fantaisies gamines : il les arrêtait, dès la rue, à minuit, devant les fantasmagories du clair-obscur. Il observait, charmé, la déformation gracieuse, en fleur grêle, d'un banal réverbère, dévoré à son faîte par l'irradiation de la flamme du gaz; à sa base, par la blancheur lunaire du fond rongeant sa hampe noire.

Le développement de ce peintre essentiel comprend trois étapes :

Celle de l'étude du clair-obscur par des dessins au conté, « les plus beaux dessins de peintre qui soient », a écrit Paul Signac.

Celle du travail direct d'après nature, comprenant des peintures à l'huile exécutées en larges touches balayées, sur de petits panneaux en bois, et dont M. Fénéon possède une série émouvante; de nombreux documents et esquisses pour ses grands tableaux; quelques grands paysages.

Celle des grandes compositions synthétiques avec figures, qui commence à *La Baignade* (1884), pour atteindre *Un dimanche à la Grande Jatte* (1886), *Les Poseuses* (1888), *La Parade, Le Chahut* (1889), *Le Cirque* (1891).

On sait [1] quelles convictions l'amenèrent à ces dernières œuvres, en communion d'idées avec Paul Signac. Tandis que ce dernier peignait d'abord comme les Impressionnistes et ne s'en séparait que par un besoin, que Chevreul contenta, d'ordonner les jeux harmonieux de couleur qu'il observait dans leurs toiles, Seurat, ignorant à cette époque les Impressionnistes, était persuadé par le Musée, de la nécessité de rejeter l'enseignement officiel et de dégager de Delacroix les éléments d'une théorie nouvelle. Son analyse des œuvres de ce peintre, facilitée par des physiciens (Rood, Helmholtz, Chevreul, Humbert de Superville, etc.), lui permettait de formuler l'ensemble des lois éternelles qui régissent la couleur aussi bien que les valeurs ou les lignes.

Pour les observer mieux, il concluait à l'utilité de la

[1] *De Delacroix au Néo-Impressionisme*, par M. P. Signac.

technique de la division des couleurs qui permet d'écrire lisiblement avec les teintes du prisme, les contrastes et les dégradés par quoi elles s'exaltent, et d'atteindre sûrement le maximum de saturation, par quoi de puissantes valeurs s'inscrivent.

Sous sa dictée, Jules Christophe en 1889 résumait sa théorie : « L'art, c'est l'harmonie ; l'harmonie, c'est l'analogie des contraires (contrastes), l'analogie des semblables (dégradés), de ton, de teinte, de ligne ; le ton, c'est-à-dire le clair et le sombre ; la teinte, c'est-à-dire le rouge et sa complémentaire le vert, l'orangé et le bleu, le jaune et le violet ; la ligne, c'est-à-dire les directions sur l'horizontale. Ces diverses harmonies sont combinées en calmes, gaies et tristes : la gaieté de ton, c'est la dominante lumineuse ; de teinte, la dominante chaude ; de ligne, les directions montantes (au-dessus de l'horizontale) ; le calme de ton, c'est l'égalité du sombre et du clair, du chaud et du froid pour la teinte, de l'horizontale pour la ligne. Le triste de ton, c'est la dominante sombre ; de teinte, la dominante froide, et de ligne, les directions abaissées. »

Seurat s'était d'abord assuré des bénéfices de sa théorie en expérimentant, par des dessins en valeur, la puissance expressive du contraste de ton. Faisant évoluer

passionnément, mais logiquement, son crayon conté sur
une feuille de papier Ingres, il exaltait, par des contrastes,
des blancs rayonnants ou mats, donc joyeux ou brusques,
des noirs sévères ou poignants.

La beauté nouvelle et définitive de ces dessins tient
à ce que l'artiste a confié, sans conditions mesquines,
l'expression de sa pensée à l'éloquence des oppositions du
blanc et du noir. Il n'a pas surchargé les masses de ces
vains détails pittoresques, par lesquels le blanc un peu
éteint et le noir moins intense eussent été réduits au
balbutiement. Il ne s'est pas arrêté, par exemple, pour
évoquer la splendeur d'un dos nu, à décrire ses muscles
et les fuites de ses contours; il s'est contenté d'exalter
le rayonnement lumineux de sa chair, soit en excitant
des blancs par des noirs jaillis du cadre, soit en les apai-
sant selon des courbes délicates jusqu'à une puissante
silhouette d'ombre.

Quand Seurat étend au chromatisme l'application
du contraste efficace, c'est avec une même décision
exempte de faiblesse. C'est sans émoi qu'il rejette le
métier appris à l'école, les séductions des jus, le prestige
des factures. Ce qu'il veut dire est pressant et se passe de
chances.

Muni de ce procédé impersonnel : le point, qu'il

fait servir aux exigences d'un audacieux parti pris, il conquiert sûrement ses toiles, sans détours ni peur. Il s'assied devant la nature, d'abord, pour refaire les arbres, les terrains, les êtres, les nuages, etc., selon leurs volumes essentiels. Comme il poursuit surtout la lumière, ses teintes sont peu variées d'abord, mais notées délicatement. Quand il se hâte, c'est le ton chaud du panneau en bois qui transparaît entre les touches afin que des feuillages ensoleillés, par exemple, recueillent, pour jaillir harmonieusement d'un ciel bleu, les additions d'orangé nécessaires.

Comme il procède pour le ton, peu à peu il élève la teinte à de stricts usages expressifs. Exemple : une figure de femme accroupie, appartenant à M. Félix Fénéon. La qualité du mauve de cet émouvant îlot d'ombre, isolé dans une lumière rousse, favorise l'expression grave de cette figure, dont la silhouette accentuée s'impose à la prairie environnante.

Plus tard, dans la Basse-Normandie : Fort-Samson (1885), Honfleur (1886), Le Crotoy (1889), il s'emparera successivement des angles secrets qui fixent les terrains et les architectures ; il inventera ses sables, le sable ! son rythme, sa luminosité, sa teinte imperceptibles. Il évaluera en peintre les densités de tous les ciels et de toutes les eaux par des nuances d'une exquise ténuité. Mais en quelque pays de ses conquêtes qu'il nous appelle, il nous portera avant tout, par des degrés infiniment proches et impérieux, jusqu'à l'adoration de quelque lumière magique rayonnant dans une belle unité de couleur grave ou blonde. Certes, peu importerait cette unité, si ses voies n'étaient celles de notre cœur. Il est facile de faire triompher grossièrement un blanc ou un rouge dans une toile, tandis que dans un Seurat rien n'existe trop, mais seulement dans cette mesure où il importe à notre plus grand bonheur.

De cette exquise sensibilité bénéficient toutes les toiles du peintre, qu'elles soient remplies d'éléments imposés par l'observation directe, ou qu'elles attestent un choix rigoureux ; mais dans ces dernières, aucun bavardage, aucun chuchotement même, ne trouble en aucun point de leur surface, le chant qu'elles exhalent. La théorie des équilibres appliquée à toutes les grandes compositions, certes, garantit leur tenue.

Dans *La Baignade*, la première en date, exposée aux Indépendants en 1884 après avoir été refusée au Salon, la vision du peintre s'objective encore dans des morceaux d'une qualité rare d'ailleurs, sur ces personnages un peu réels qui s'immergent nus ou s'étalent sur une berge de

la Seine. Néanmoins toute l'ampleur de Seurat et tout
son œil sont là, dans l'orchestration de teintes neuves
et sonores, dans le pouvoir de propager de volume en
volume une lumière glorieuse jusqu'à sa diffusion apaisée
par le bleu des fonds délicats. Tandis que dans cette toile
les silhouettes sont noyées dans la tache, c'est au contraire
la vigueur significative de l'arabesque des ombres qui
s'affirme dans *Un dimanche à la Grande Jatte*, devant
l'espace ensoleillé.

Afin que l'œil se hâte aux contours de ses grandes
figures, le peintre n'a pas éclairé d'expressions attirantes
leurs visages distraits. Leur jeunesse et leur vie n'y sont
révélées que par la courbe de leur teinte et par sa qualité ;
exemple : ces miracles de fraîcheur et de vie odorante :
le visage de la femme à l'ombrelle noire et celui de l'enfant vêtu de blanc, aux traits évoqués, non précisés. Les
modes grotesques de 1886 ont inspiré à Seurat ces
élégantes architectures vivantes, si simplement arrondies,
qui repoussent paisiblement leurs fonds clairs par la
puissance et la variété de leurs tons.

M. Félix Fénéon suggère exactement, par une con-
cise description du sujet, de quels équilibres sûrs émane
le calme de cette composition : « Par un ciel caniculaire,
à quatre heures, l'île, de filantes barques au flanc, mou-

vante d'une dominicale et fortuite population en joie de grand air, parmi des arbres ; et ces quelque quarante personnages sont investis d'un dessin hiératique et sommaire, traités rigoureusement ou de dos, ou de face, ou de profil, assis à angle droit, allongés horizontalement, dressés rigides sur des bandes d'ombres : comme d'un Puvis modernisant. »

N'est-ce pas un prodige d'atteindre à la grandeur dans la joie des teintes et sans le secours d'un seul des fragments du matériel antique qu'utilisait Puvis de Chavannes ?

Seurat n'a pas besoin d'introduire des figures et des temples grecs dans ses paysages pour leur donner de la gravité, du style. C'est son œuvre entier qui nous suggère un temple aux mille piliers ou colonnes, avec ses verticales répétées sur des horizontales nettes ; avec ses personnages, ses troncs d'arbres, ses mâts, ses phares érigés entre les soubassements des terrains plans et des ombres portées et les frontons des verdures.

Nul mieux que Seurat n'a su, en creusant sa toile, accrocher les uns aux autres ses volumes et nous communiquer l'impression de la solidité par sa science des angles selon lesquels les directions se coupent.

Autant que Cézanne, mais par une géométrie expressive du modernisme le plus aigu, il est le père de nos actuels « Constructeurs ».

On a méconnu Seurat jusqu'à le croire attardé à l'analyse, à la représentation de l'immédiat, des jeux fortuits de la lumière, lui, le synthétiste, mieux, le logicien implacable qui ne s'est servi de cette lumière que pour conserver aux objets les apparences qui les caractérisent une fois pour toutes.

Dans *Le Cirque*, plus que dans tout autre tableau, s'affirme ce parti pris irréductible qui considère les phénomènes naturels selon leur valeur expressive et non selon leur existence réelle; qui les nie au besoin. Cette composition se propose d'enfermer dans une ample courbe les lignes ascendantes significative de la gaîté des jeux du cirque. L'unité d'expression ainsi préparée s'accroît de la richesse d'une atmosphère dorée, propice au joyeux triomphe du cheval blanc, monté d'une écuyère. L'arabesque hardie et le rouge d'une perruque de clown, surgie du premier plan, agace le blanc avec une outrance très représentative d'un spectacle. Non moins adhérents à l'expression visée sont les attitudes et les visages des spectateurs : schémas aigus jusqu'à l'animalité, fruits d'une observation épurée de toute contradiction. Le peintre a décidé les vêtements même à servir l'expression

synthétique qu'ils détruisent d'ordinaire par leurs exhor-
bitantes prétentions personnelles. La petite écuyère, par
exemple possède une robe qui amplifie à peine, comme
une émanation gaie de son être, un chant ou un rire.
Cette petite forme féminine est celle d'une déesse moderne de la Fantaisie et de la Grâce, avec ses formes
fuselées, sa tête de fée espiègle et l'ascension de ses gestes
qui se dissolvent dans l'air.

De tels logiciens du sentiment ne se retrouvent que
parmi les Primitifs. Malheureusement *Le Cirque* n'est
pas terminé, et, çà et là un tracé bleu se voit, qui révèle
l'analyse préalable commentant les volumes, triant les
objets; mais partout où la toile est couverte, la peinture
presse impitoyablement les formes pour en faire jaillir
l'idée essentielle, vivante au delà de toutes les pauvres
complications de la ressemblance.

Dans notre époque, *Le Chahut* est aussi un phénomène isolé. Il inscrit la fantaisie d'un quadrille du Mou-
lin-Rouge. Quatre danseuses et danseurs processionnant,
débouchent presque de face, au premier plan du tableau.
Leurs gestes se répètent en perspective. Par le parallé-
lisme de leurs jambes lancées, rigides, au-dessus de l'horizontale, par l'affirmation quatre fois répétée des cam-
brures de leurs torses grêles, par le rythme de gaîté

propagé par leurs visages, ils parviennent à l'énergique
cohésion d'un symbole hindou. Le prétexte, dans *Le
Chahut*, comme aussi dans *La Parade*, de la prédomi-
nance du ton sur la teinte est la lumière artificielle. Dans
des accords graves de pourpres, de bleus, soudain un
blanc ou un vermillon éclate, note osée d'un dessous ou
d'une coiffure extravagante.

Le Cirque, Le Chahut, étant inspirés par des formes
en mouvement, on leur a reproché de ne pas communiquer au spectateur l'illusion de l'agitation et du dépla-
cement des lignes. C'est que Seurat a une conception
synthétique du mouvement. Il en suggère des idées
extrêmes par la mise en évidence d'un geste au point
d'équilibre de sa course, comme dans l'art statique des
Egyptiens ou des Khmers; il ne les représente pas en
composant ses phases, selon le mode des Japonais, de
Delacroix ou de K. X. Roussel.

Différemment représentatives de l'art concentré de
Seurat, sont *Les Poseuses*. Ce grand tableau n'est pas
décoratif au sens attribué d'ordinaire à ce mot. Les trois
figures nues des modèles, peintes dans les plus simples
attitudes, n'étant pas liées l'une à l'autre par une arabesque, mais par le bloc de la peinture, présentent une
sorte de tryptique de la beauté féminine. Naïvement

elles imposent leur élégance avec un souverain dédain de duper le spectateur par une pauvre contrefaçon des matières réelles et de se prouver vivantes en détaillant leur anatomie. De même que la diorite noire des Egyptiens sait évoquer la vie mieux que la plus exacte apparence de la chair, de même la matière abstraite de ces figures, ramenées à un noyau de lumière d'un volume expressif, nous assène notre animalité et humanité modernes à nous en faire crier.

Certes, on peut dire qu'à travers tous les aspects de vie qu'il a représentés, l'être de Seurat apparaît avant tout, mais n'est-ce pas la marque des plus hauts pouvoirs d'un artiste de recréer le monde tout entier selon les ardents besoins de sa nature intime? M. Godet a écrit : « Le style est un produit de la vie. Il n'est pas un objet existant en soi qui se puisse appréhender du dehors. Sa source est intérieure. Elle est dans la personnalité assez forte pour imposer aux œuvres qu'elle tire de la nature son empreinte, son parti pris, son sens de l'Univers, et pour en dégager un ordre de valeur durable et générale en qui la collectivité reconnaîtra — presque toujours après une longue période d'aveugle et injuste résistance — l'expression de ses besoins et le langage de ses instincts. »

Si telle est l'heureuse définition du style suggérée par les chefs-d'œuvre, elle implique l'urgence de reconnaître en Seurat, pétrisseur de moules étroits de notre vie, le générateur d'un style exceptionnellement émouvant, qui suscitera toujours en France et à l'étranger de très profondes admirations.

LES DESSINS

Aussi clairement que dans ces toiles, que dans la
splendeur des teintes, la poésie de Seurat étant incluse
dans ses contés, les seuls au monde, on peut les étudier
isolément avec profit, pour surprendre les secrets de
l'artiste, comme on étudierait d'un sculpteur, les bois
frustes, hors des cires, des bronzes, des marbres pré-
cieux.

Semblable, d'ailleurs, au sculpteur instruit des sacri-
fices imposés par le bois, — dont un tracé arrondi d'œil
ou d'ongle peut faire éclater les fibres, — Seurat sait à
quelles conditions de travail il doit l'exceptionnelle puissance des blancs et des noirs que nous admirons. Il se
garde, par un vain détail, d'en briser les blocs expressifs.
Les larges et intenses frottements d'un conté, possibles,
sans lourdeur, sur ces feuilles de papier Ingres au grain

résistant, ont servi le besoin qu'avait cet artiste d'écrire, en courbes longues, en angles nets, des formes simples. Le résultat matériel est ce velouté profond, exempt de ruissellement et de scintillement qui caractérise les contés de Seurat, et qu'il ne faut pas confondre avec la matière de ces crayons en général : celle des Redon, des Angrand, auront, l'une des éclats, l'autre une fluidité incompatibles avec l'immobilité hiératique cherchée par Seurat. L'instinct d'un peintre le porte, en effet, à inventer, dès ses débuts, un aspect de la surface qui matérialisera le plus sensiblement le caractère des formes qu'il conçoit. Il est évident, par exemple, que la substance ductile de Bonnard, évoquée par des traits gras et ronds, des boucles, des flaques, des maculatures de noir sur du blanc, servira un peintre qui veut nous imposer un monde fait de rondeurs souples qui s'étirent, s'écroulent, bouillonnent, s'épandent comme l'eau. Une telle image proscrit la nature cassante des jeux d'un conté sur du papier Ingres, laquelle est propre, au contraire, à inclure la poésie de Seurat, persuasive d'un monde d'architectures sveltes, rigidement érigées. Il n'est donc pas logique de dire de deux peintres puissants que l'un d'eux possède la plus belle matière : on ne saurait les comparer ; la condition, pour chacune, de servir l'un des artistes étant de desservir l'autre. Plus exactement, on pourrait dire qu'elle est plus ou moins judicieusement adoptée.

Tous les dessins ici reproduits témoignent du bonheur de ce choix instinctif. Innocents de procédés retors, dénués d'illustres factures, ils offrent leur velours neuf avec cette candeur des œuvres des Primitifs dans lesquelles spontanément les moyens naquirent pour servir la pensée, l'image, l'émoi. Pour assurer le sens de ses phrases picturales, Seurat s'est contenté de régler avec minutie le frottement de son crayon jusqu'à ce que s'enflent ou s'éteignent à chaque place, ces réactions ou dégradations dont il a vanté le pouvoir dans sa « Théorie des contrastes. »

Peu lui importe que dans les jeux ardents s'anéantisse une foule d'éléments pittoresques; il ne regrettera aucune des formes qui sont expressives chez un Daumier, un Forain, un Luce : traits des visages, plis, ou musculatures.

Que reste-t-il, en effet, des forces humaines dans tous ces personnages, ici reproduits, sinon de légères allusions ? Que reste-t-il dans ce « Nu » (voir fig.), où du blanc s'irradie, sinon l'allusion double à un dôme de chair et à un fragment d'astre, mais rien d'un dos tel que nous le croyions[1]. Il n'est rien resté non plus (voir fig.) de la tête, de la main, de la serviette, nappe, cuillère, bouteille de vin du dîneur que ces allusions essentielles : un ovale sombre, incliné sur un bouclier carré blanc; une pelote noire, agile sur ce blanc; une tige qui, idéalement, l'enfile, pour plonger en un croissant presque immatériel; un cône étiré, noir, borne minuscule opposée au torrent des blancs. Le respect dû à son père n'a pas rappelé à Seurat que sa tête comportait des traits; sa main, des doigts; son âme dénaturée fut indifférente à l'expression des yeux attentifs, des narines avides, des lèvres prêtes, des doigts habiles.

Faut-il expliquer, comme on l'a fait, les formes elliptiques de ce portrait en disant que sa théorie obligeait Seurat à lui sacrifier de souples aspects de vie? Cette supposition serait vraisemblable s'il était un mode unique d'appliquer cette théorie. Mais il peut y avoir autant de manières d'écrire une réaction[2] qu'il y a de

[1] Par accident, un bras, dans ce dessin, est resté, il compte son deltoïde, son triceps, son biceps, tandis que le torse rayonne. Le peintre a senti l'incohérence de cette simultanéité, et dans la *Baignade*, tableau où ce nu s'inscrivit, les muscles indiscrets se sont tus. A l'encontre de certains pédants, Seurat ne tient pas à prouver qu'il sait faire ce qu'il ne veut point.

[2] Un noir, qui, aux frontières d'un blanc, n'accuse pas plus d'intensité, qui ne *réagit* pas conformément à la loi physique du contraste, semble

peintres soucieux de mettre en relation sur une surface des formes à trois dimensions : mode du Vinci, de Rembrandt ou de Delacroix; mode de Cézanne, de Vuillard ou de Picasso.

Si ce ne sont pas les contrastes qui violentèrent les formes, peut-on dire que ce sont les déformations d'un « effet », par exemple, qui exaspérèrent les contrastes? Par suite, les masses blanches ou noires des formes ici reproduites devraient-elles leurs saisissante simplicité à l'heureux effet de lumière représenté? Non, car Seurat ne peignit pas des effets de lumière, parce qu'un éclairage accidentel ne retient pas forcément notre sympathie, mais notre curiosité; s'il rend appréciables au peintre de nouvelles apparences des formes, celles-ci ne le toucheront que par leurs manifestations cordiales. Des photographies surprennent de curieuses fantasmagories sans nous attendrir. Certes, il convient de dire que les contés de Seurat sont lumineux parce qu'ils enflamment, avec des oppositions, le papier blanc; ils sont peints avec de la lumière, mais ils ne copient pas celle-ci, phénomène multiple, parce qu'il n'est rien d'hostile comme d'aimable qui n'en soit pour nos yeux.

ignorer ce blanc qu'il devrait exalter, et nier, par suite, la forme que ce blanc représente.

Si ce n'est pas la volonté de « rendre » du soleil,
par exemple, qui décide Seurat à supprimer les traits
des visages dans ses figures et les rameaux dans ses
arbres, serait-ce plus exactement la volonté de donner,
sous prétexte de soleil, un équivalent synthétique, un
résumé, de ces visages et de ces arbres? Il est commode
d'admettre que les rythmes larges des clairs et des
obscurs, excluant maints détails, émanent d'une conception des volumes dite synthétique; cependant, ce mot
caractérise-t-il bien les rapports de l'art de Seurat, qui
omet les prunelles, avec celui de Carrière qui les affirme
avant tout? Avec celui de Bonnard qui ne précise d'un
personnage que le bouton de son habit, le quadrillé qui
l'orne? Avec celui d'un primitif comme Henri Rousseau,
qui traduit un arbre par une seule palme, un éventail de
feuilles? Doit-on appeler analystes ces derniers? Plus
vraisemblablement, il n'y a pas, parmi les artistes, des
analystes et des synthétistes comme il y en a parmi les
savants, mais des peintres médiocres, irrésolus, incapables
d'un choix, faute d'amour, qui superposent tous les
aspects en des rythmes contradictoires; et d'excellents,
comme ceux que j'ai nommés qui, en des rythmes appro-
priés, savent nous imposer leurs préférences ardentes.
Celles-ci varient selon la mentalité du créateur. Un

primitif, comme un enfant, se préoccupera des yeux, de la bouche, du nez, qui d'abord l'attirent ou l'effrayent dans une figure; d'un arbre, il préférera dire avant tout ce qu'il en connaît par sa main sensuelle : les fleurs et les fruits parmi les feuilles, plutôt que sa rondeur. La volupté d'un moderne comme Seurat n'a pas besoin de sa main comme intermédiaire auprès du monde : des sens nouveaux, créés par une intellectualité aiguë, lui donnent, à parcourir mentalement la rotondité d'un arbre, une jouissance inconnue des Primitifs : l'amour d'un Seurat a d'autres objets que l'amour d'un Benozzo Gozzoli.

Outre que le mot synthèse n'implique pas d'amour, il égare encore sur la nature d'une création en laissant supposer qu'aux formes omises pour plus de simplicité, le peintre laisse leur place dans le volume qui les enferme toutes. Or, Seurat ne les omet pas seulement, il les nie. Il ne résume pas, il invente, et la forme qu'il invente exclut celle qu'il a niée. La forme elliptique de la main du dîneur, par exemple, ne souffre pas la réintégration de ses doigts. Aussi, bien loin que les mêmes objets représentés doivent, dans des œuvres de peintres différents, présenter des qualités communes, ces qualités doivent être niées successivement. D'une même forme dont Cézanne dit qu'elle est taillée à vif comme un cristal, Bonnard dira qu'elle est ondulée comme l'eau.

En résumé, ce n'est pas pour se conformer à une théorie que Seurat a sacrifié des éléments consacrés, ni pour reproduire le phénoménal, ni pour expérimenter la synthèse, mais pour définir d'autres raisons d'aimer. Cependant le public, correct, n'accueille pas les joies nouvelles sans connaître leurs noms. Il réclame à Seurat par les mots raideur, aspect schématique, etc., qu'il lui décoche, celles des émotions qu'il était accoutumé de recevoir; la violence que Seurat fit à toutes convenances prouvait sa force, car un peintre n'est pas considérable malgré ce que le public lui reproche, mais à cause de cela même. L'inconsistance reprochée à Signac devient le génie de la fluidité; la difformité reprochée à Matisse devient celui des proportions expressives. Un pur chef-d'œuvre naît informe, puisqu'il n'offre pas de convention connue, mais il s'impose dès qu'il a contraint le spectateur à réaliser, d'après ses signes neufs, une nouvelle plastique sentimentale.

C'est donc au figuré que les peintres parlent de leur plastique, car ils ne *font* pas, mais *font faire* leurs formes. De même qu'un poète nous dit d'une taille de jeune fille qu'elle est pareille à un lys, pour nous déli-

vrer, par une image, de l'idée banale que nous avions
d'une taille et nous en faire concevoir une autre selon
ses vues, de même les peintres, par un signe excessif,
nous éloignent de la réalité pour nous l'asséner sous
l'angle imprévu de leur choix. Seurat procède comme
les poètes; ceux qui l'ont appelé un réaliste sont ceux
pour qui l'imagination d'un peintre est le pouvoir de
rassembler, dans un cadre des objets exotiques, rares,
anciens, ou inhabituellement confrontés et traduits. Si,
au contraire, l'imagination du peintre est une faculté
de réagir, par une image, au choc que sa sensibilité
reçoit du monde vu, il faut que Seurat soit doué d'une
imagination bien exaltée pour qu'il puisse s'asseoir
devant n'importe quel banc, arbre, mur, que tant
d'autres ont représenté avant lui, sans que leur définition
puisse se substituer un instant à sa vision. Quand il
est frappé par l'aspect cylindrique et rigidement érigé
d'une calme promeneuse, il oublie tout ce qui dans cette
forme ne participe pas à cet aspect; il est broyé par lui
seul jusqu'à ce qu'il ait inventé une manière d'archi-
tecture du genre des colonnes qui satisfait, au mépris des
jolis enroulements séculaires, son nouveau sentiment
d'une femme. Elles sont, en effet, d'ordre architectural,
par leur équilibre, leur nudité, leur solidité, ces inven-

tions de Seurat; elles exaltent surtout la voluptueuse
lenteur avec laquelle s'esquive, aux regards, une ample
rondeur d'arbre ou de jupe, la fière et brusque décision avec laquelle des parapets ou des toits d'usine,
raides d'ardeur, tranchent le sol, tailladent le ciel, pour
se rendre inflexibles, à leurs fins impérieuses; elles
célèbrent le costume masculin aux âpres limitations;
elles eussent glorifié les rampes brisées des escaliers du
métro qui plongent, éclatantes ainsi que des éclairs,
aux gouffres ronds des gares. Nous appelions laideurs
ces caractères de nos villes neuves, de nos quais, de nos
banlieues, et nous jugions antipathiques leurs virtua-
lités. Seurat a su nous révéler leur âme large et conte-
nue. Bien d'autres peintres, certes, les abordèrent,
mais ils craignirent de laisser voir leurs côtés farouches.
Ils voilèrent toujours décemment la dureté du mur avec
des affiches ou du lierre, la maigreur du pont de fer,
avec de la fumée, la nudité de la terre plate, avec des
fleurs ou des jeux de soleil. Seurat époussète le sol,
rectifie les murs, rase l'herbe et aiguise les angles des
toits.

Mais il ne suffit pas qu'un peintre témoigne d'une
conception originale, ni qu'il nous la propose en des
signes de son invention, courbes et droites nouvelles,

il faut encore que ces signes, pour que nous les voulions déchiffrer, émeuvent d'abord notre œil par l'action sensuelle des blancs et des noirs, ou des couleurs combinées qui les rendent visibles. Les relations de ces éléments directement sensibles sont ce que les professionnels appellent les rapports. Elles sont des analogies de semblables (affinité de tel blanc, pour tel blanc, ou de tel rose pour tel rose, de tel noir pour tel noir), ou des analogies de contraires (affinité de tel blanc pour tel noir). Ces analogies ou affinités, ont des degrés persuasifs pour notre rétine, et connaître ces degrés c'est être peintre. Il y a beaucoup de peintres, c'est-à-dire de techniciens capables d'intéresser les sens par des taches heureuses, mais ils ne sont pas nécessairement des inventeurs d'humanité. C'est donc en vain qu'on ne louerait d'un artiste que ces rapports : ils ne peuvent être son but, mais le chemin nécessaire de sa pensée vers nous et qu'il nous invite à remonter vers lui. Les rapports de Seurat sont des voies droites de l'émoi de l'œil à celui du cœur. Sollicité par les degrés faciles d'un blanc à un blanc de plus en plus éteint, notre œil nous incite, dans ce dessin des *Saltimbanques*, par exemple, à sentir le rythme et la variété des courbes des membres effilés lancés en fouet les uns vers les autres. Appelé par l'opposition d'un blanc éclatant et d'un noir intense, il nous incite à sentir l'équilibre de ces géométries fraternelles : la calotte en cône de Pierrot et la tunique en sablier de Colombine.

Ainsi dans chaque œuvre, de la comparaison des couleurs à celle des signes, à celles des images, nous sommes amenés à comprendre, à embrasser l'harmonie du monument édifié par Seurat à la louange de la vie contemporaine.

XXXV PEINTURES

DE

GEORGES SEURAT

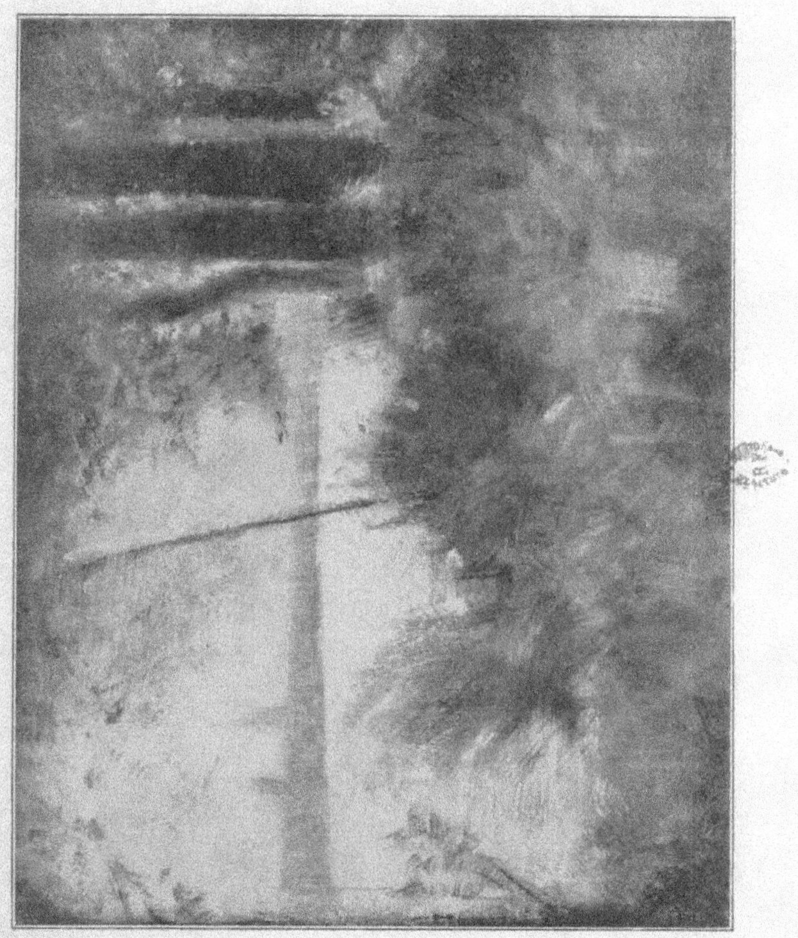

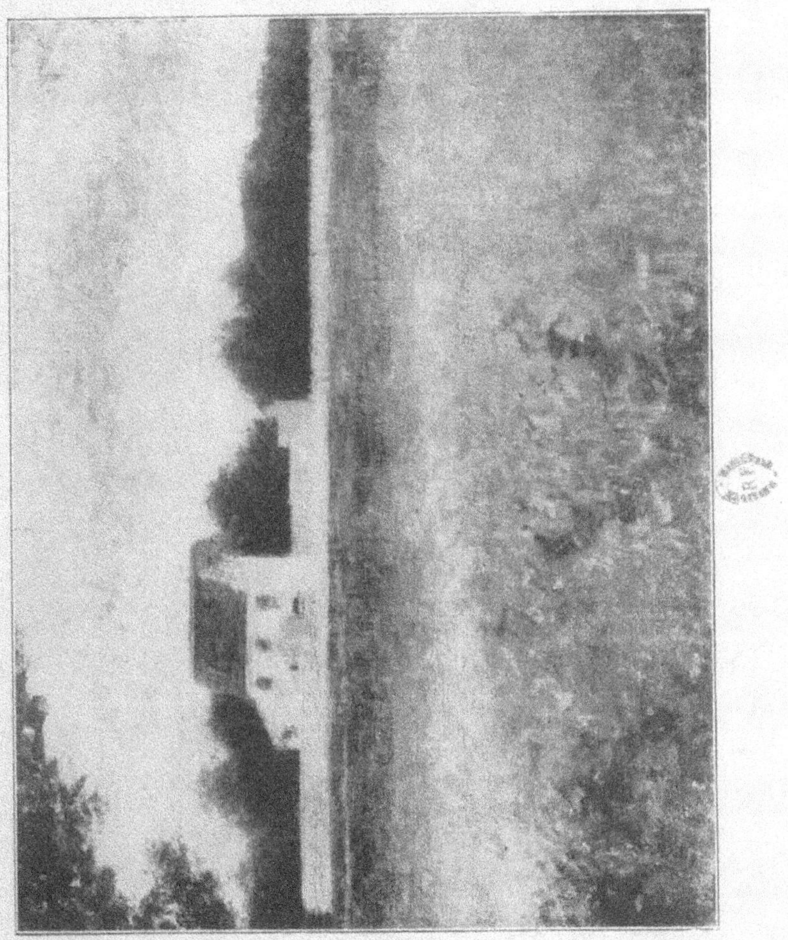

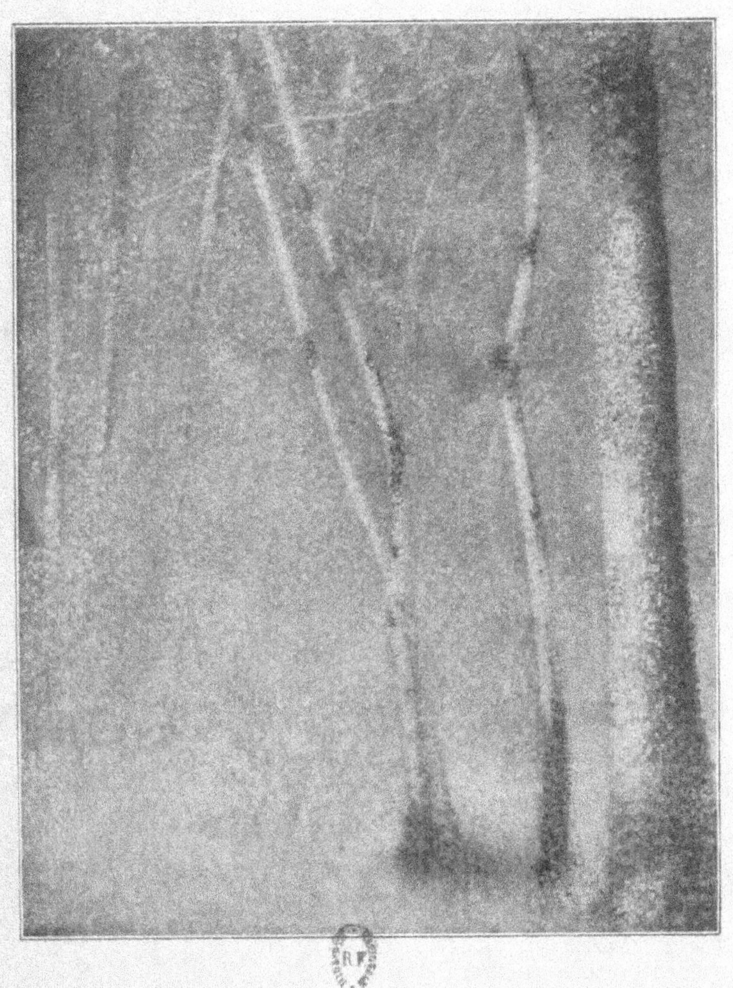

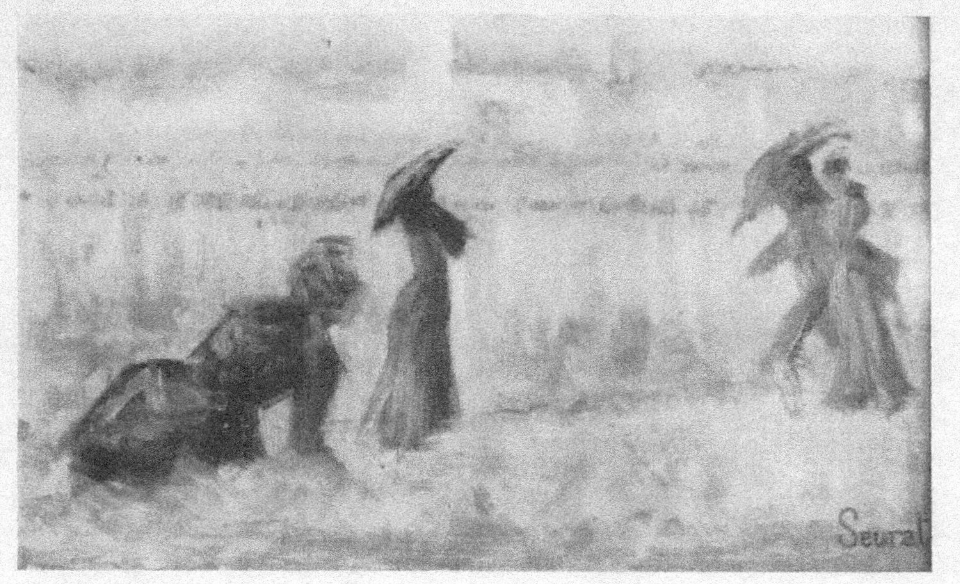

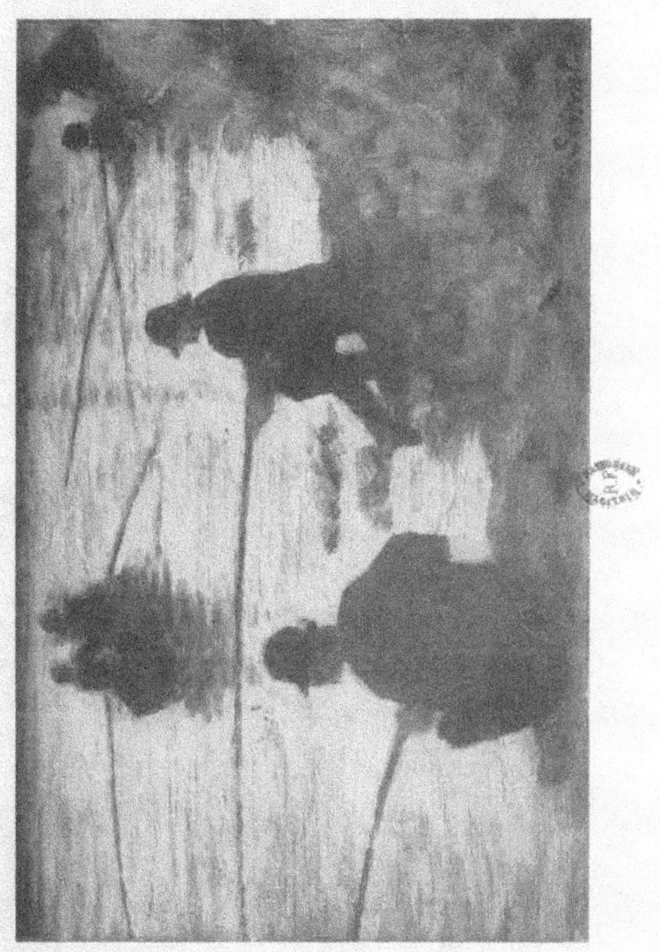

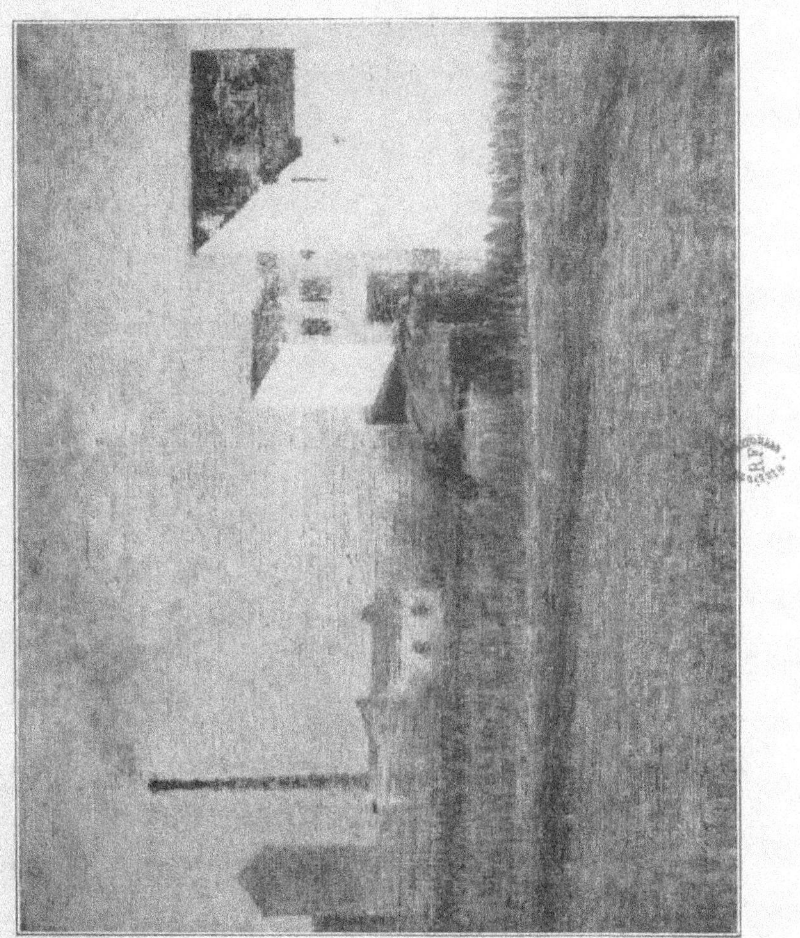

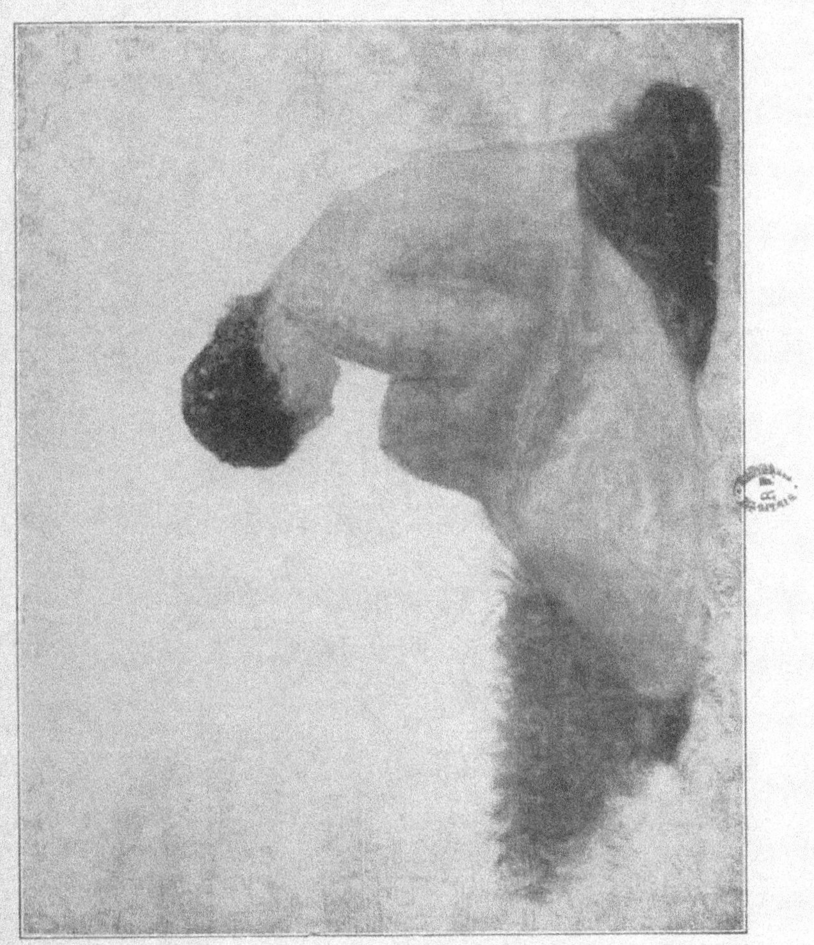

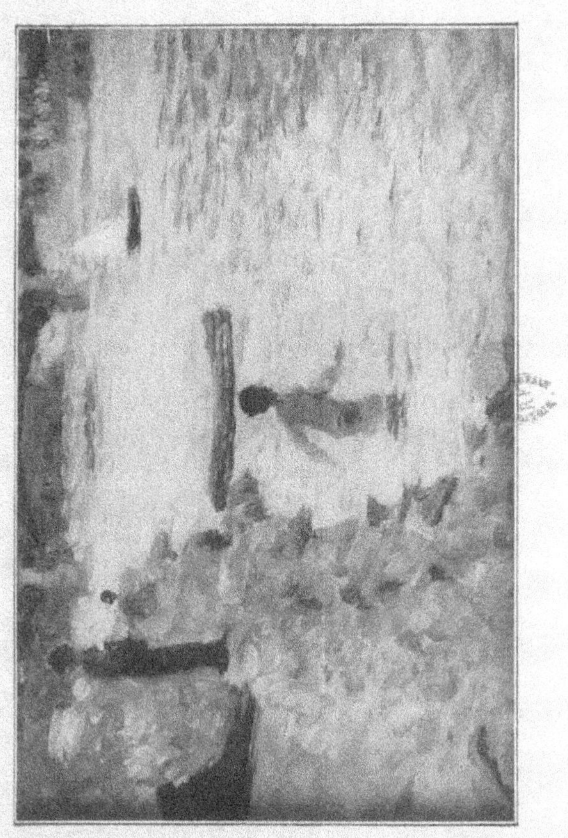

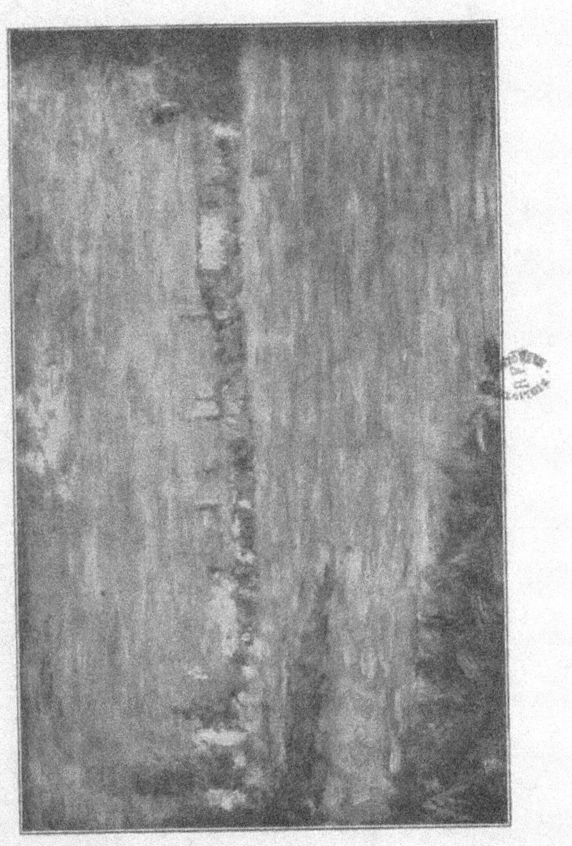

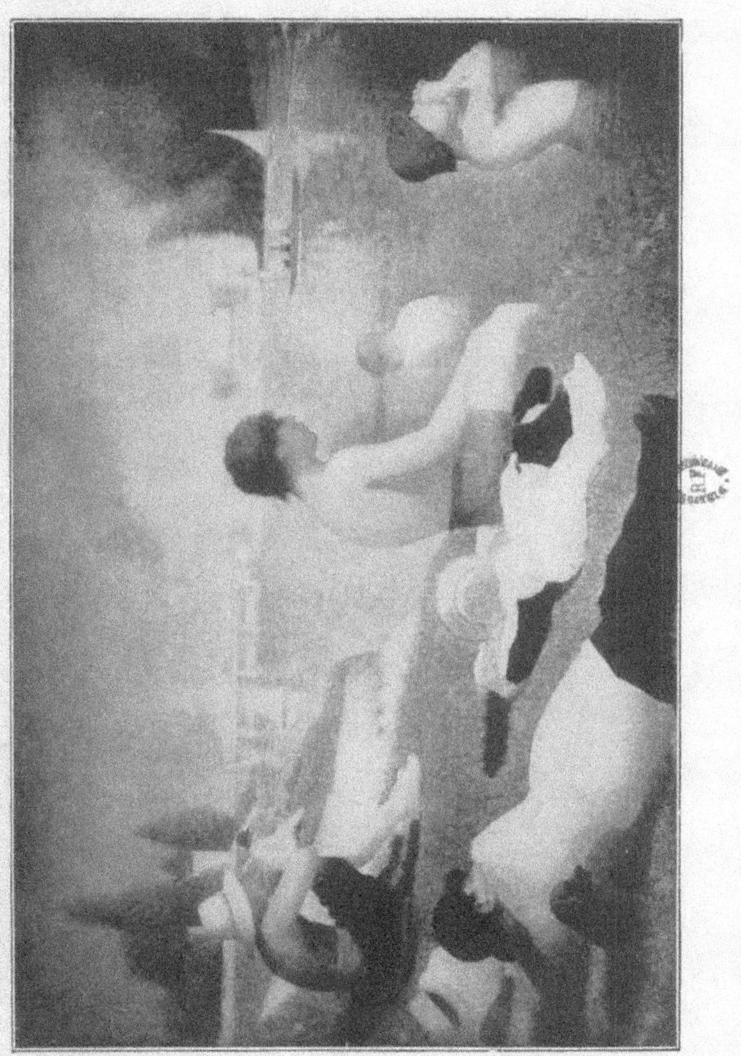

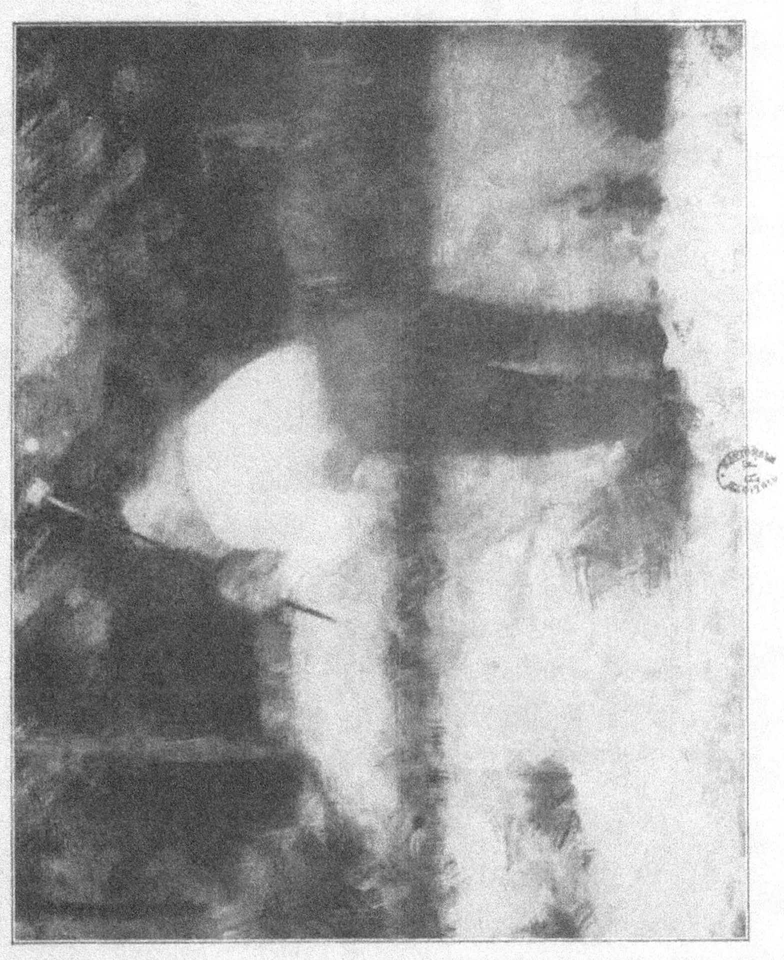

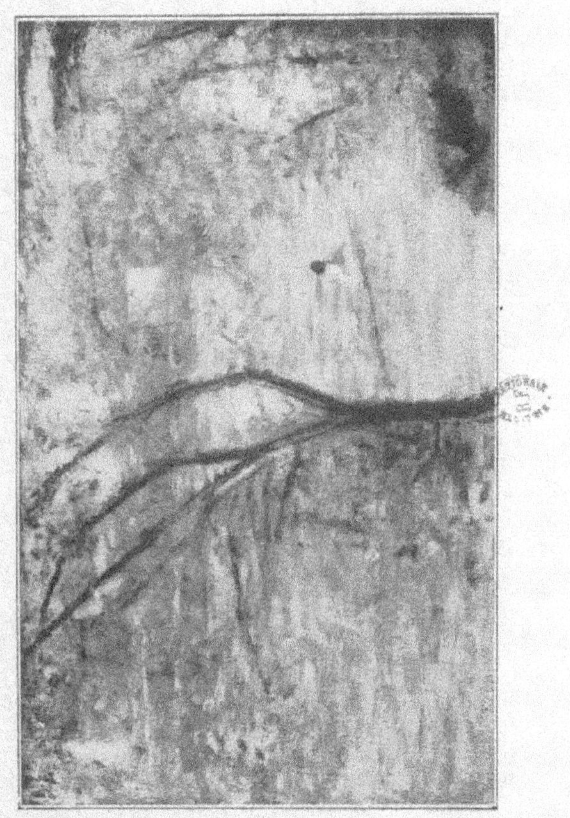

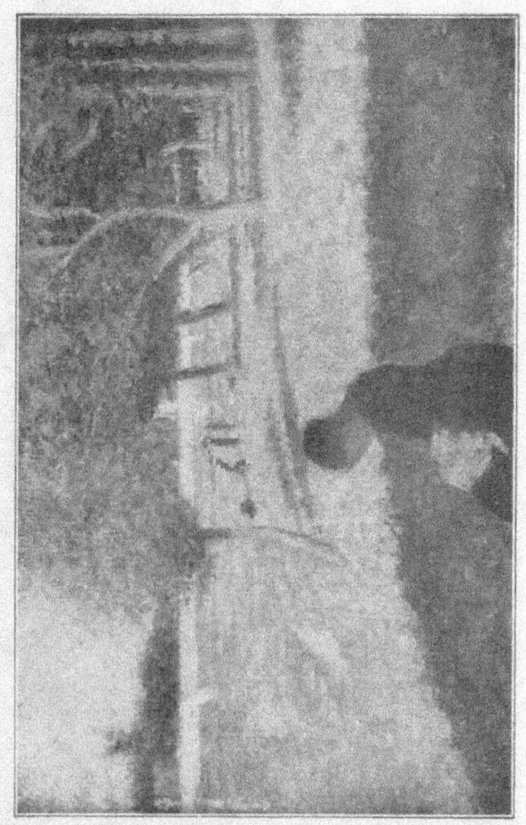

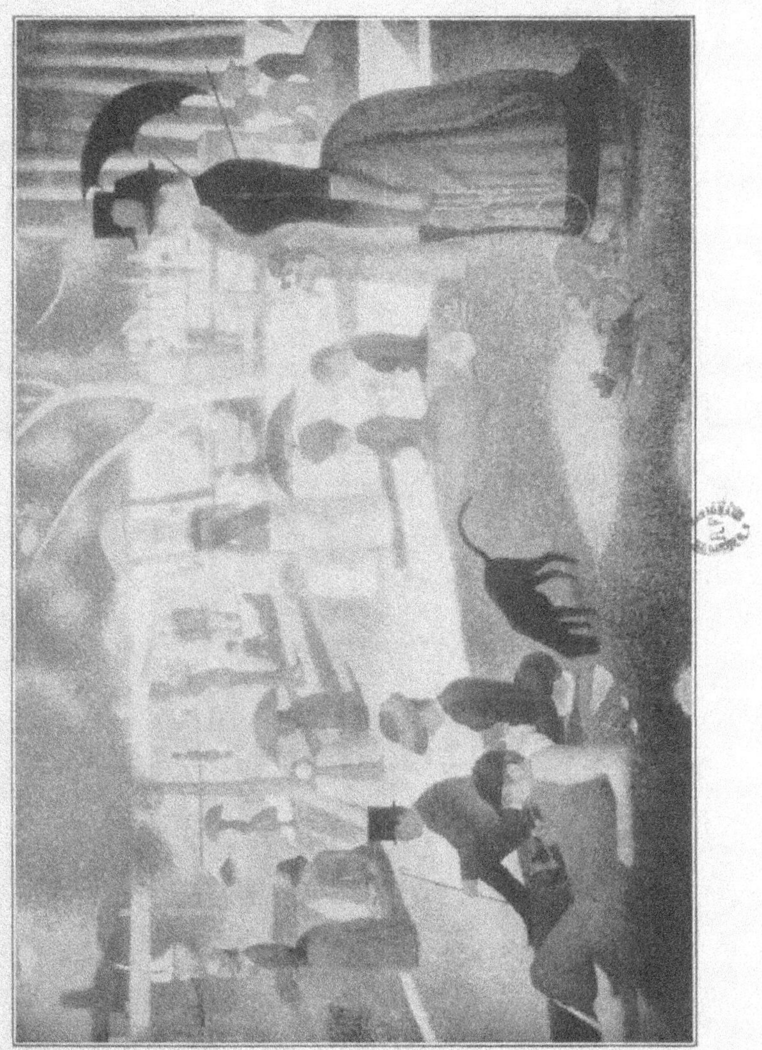

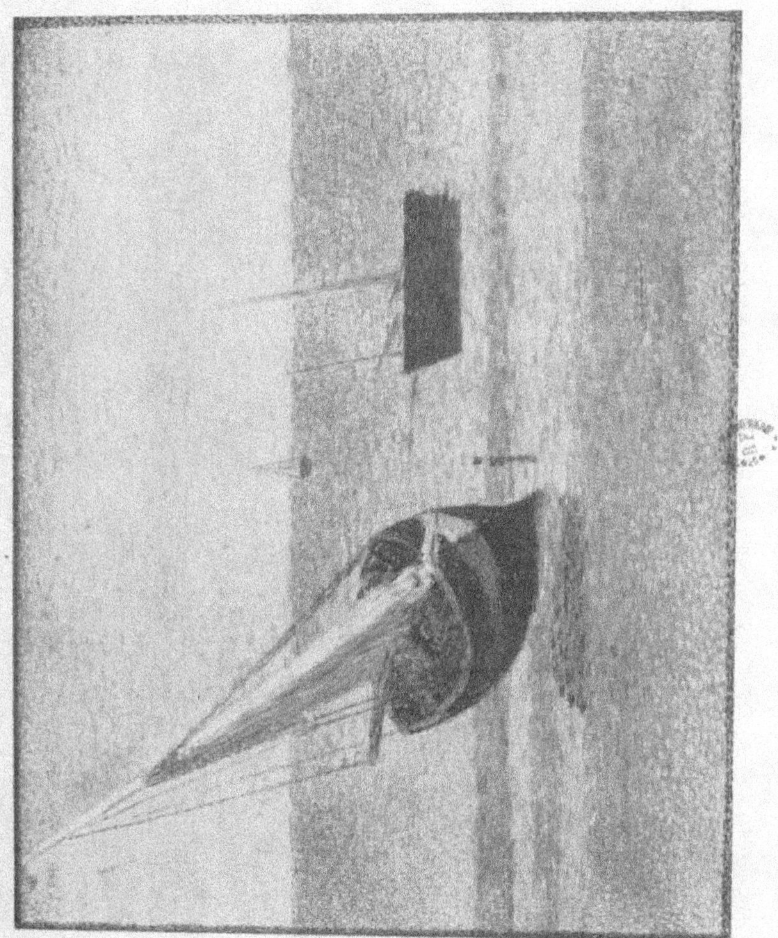

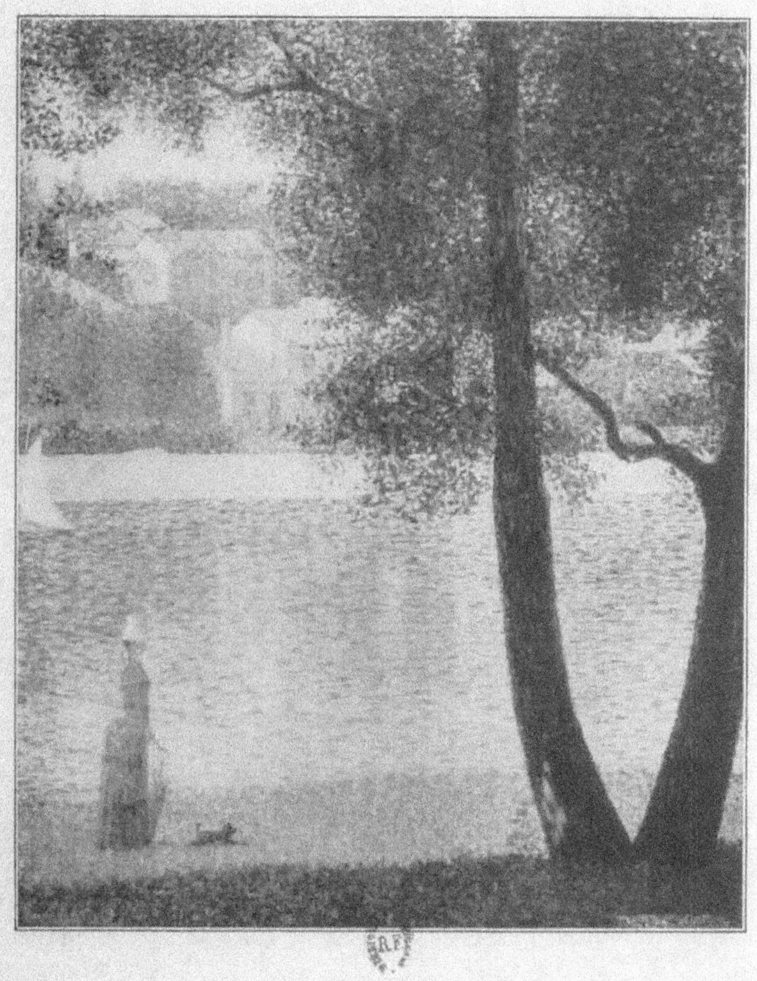

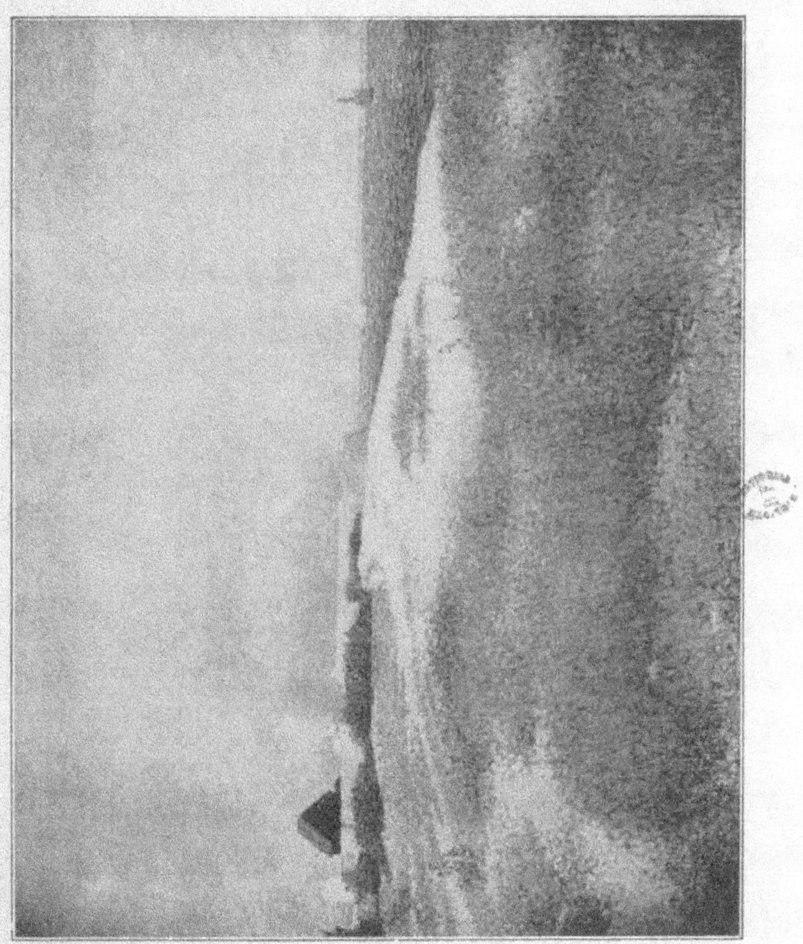

17

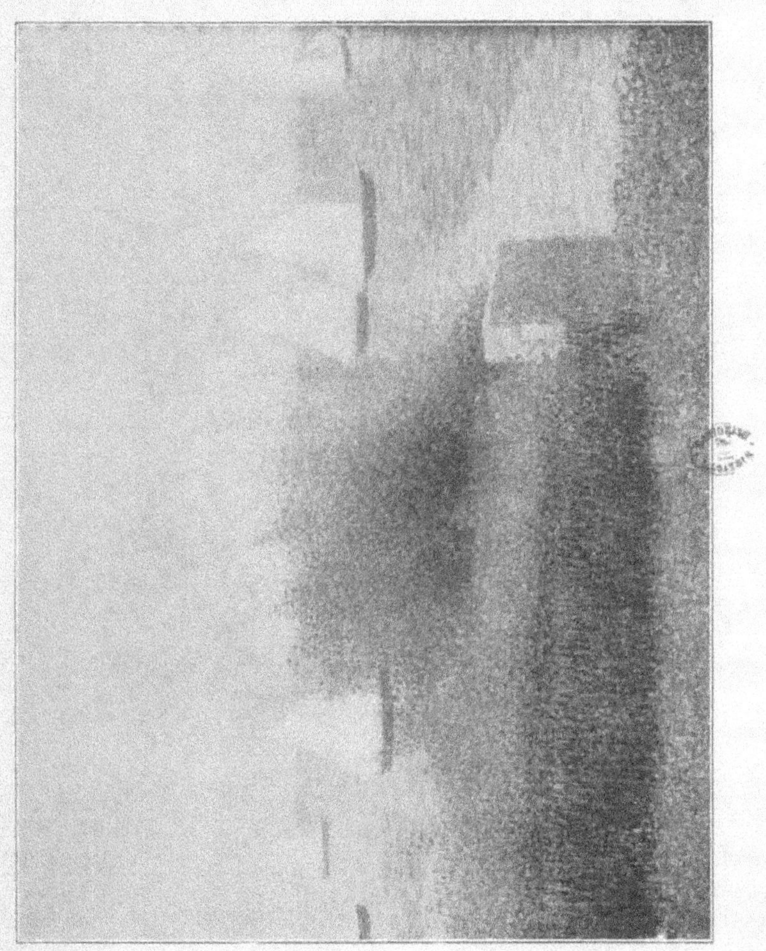

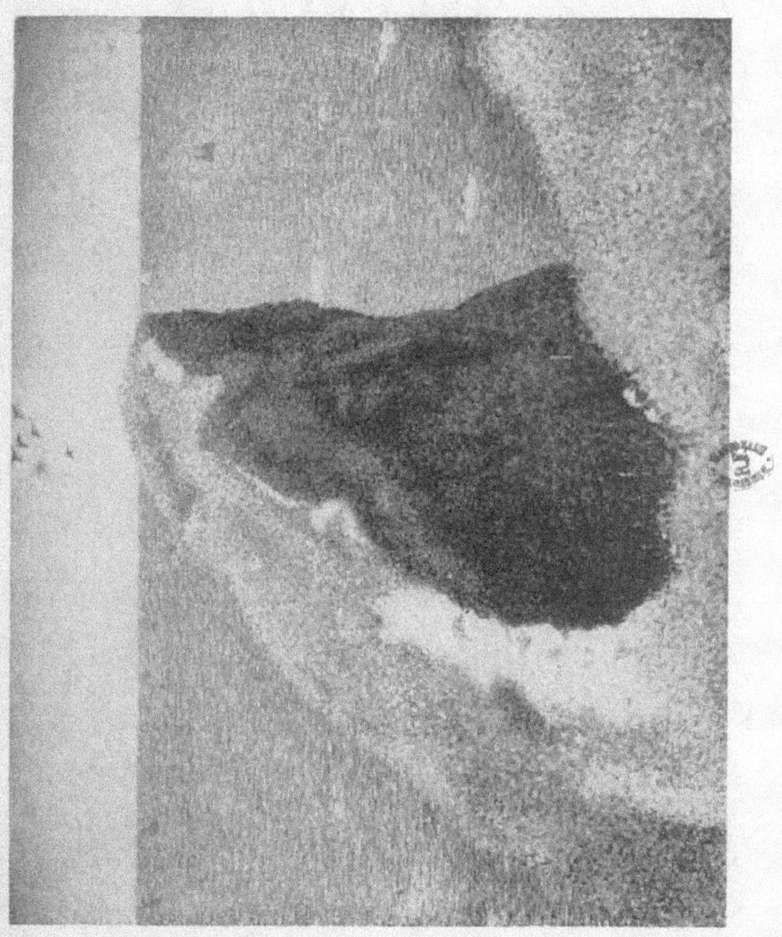

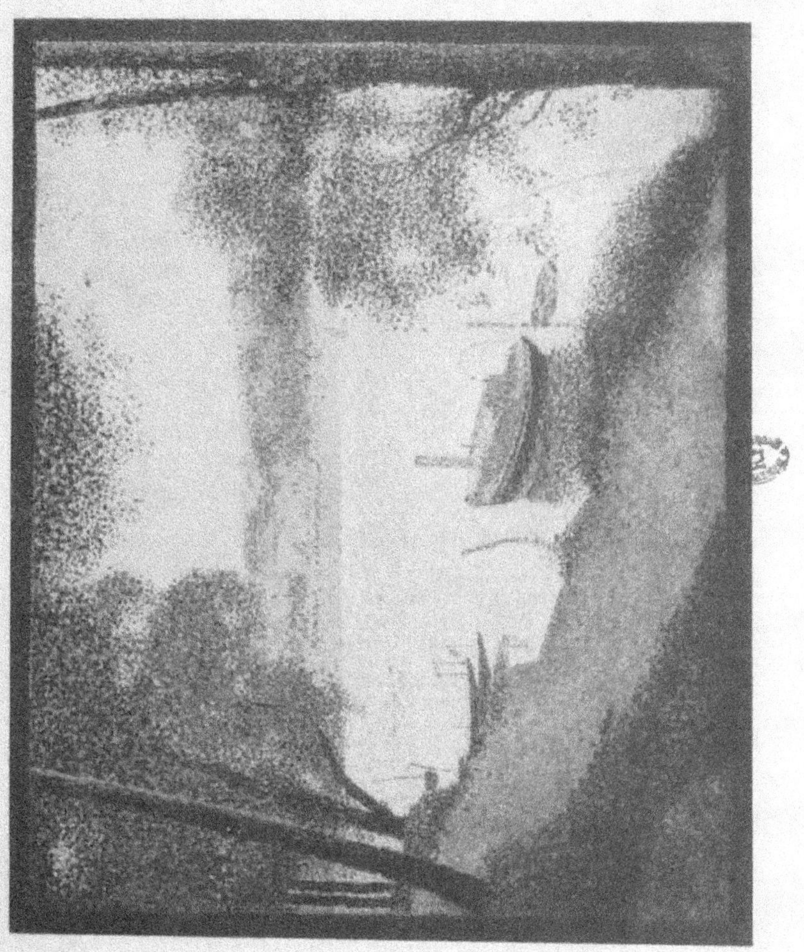

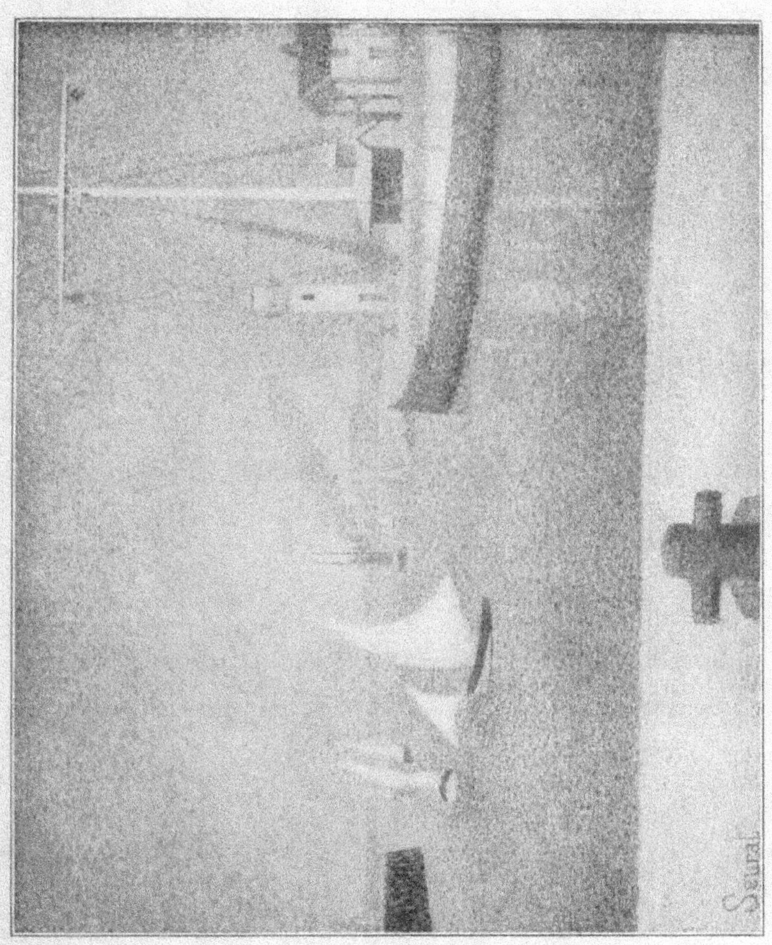

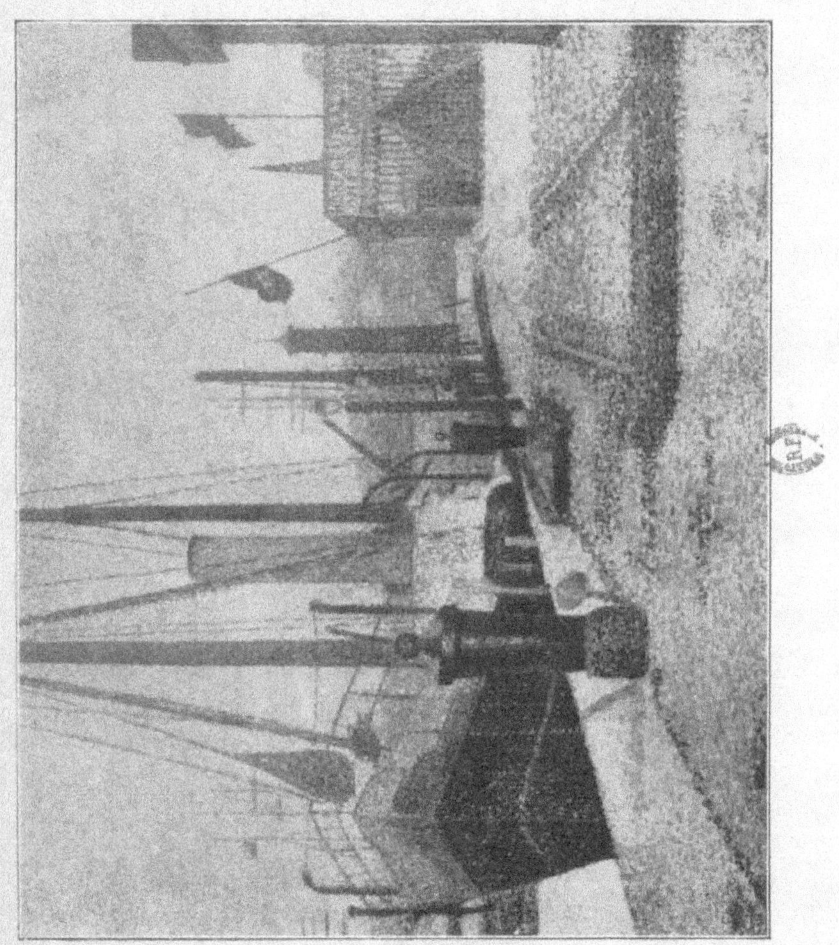

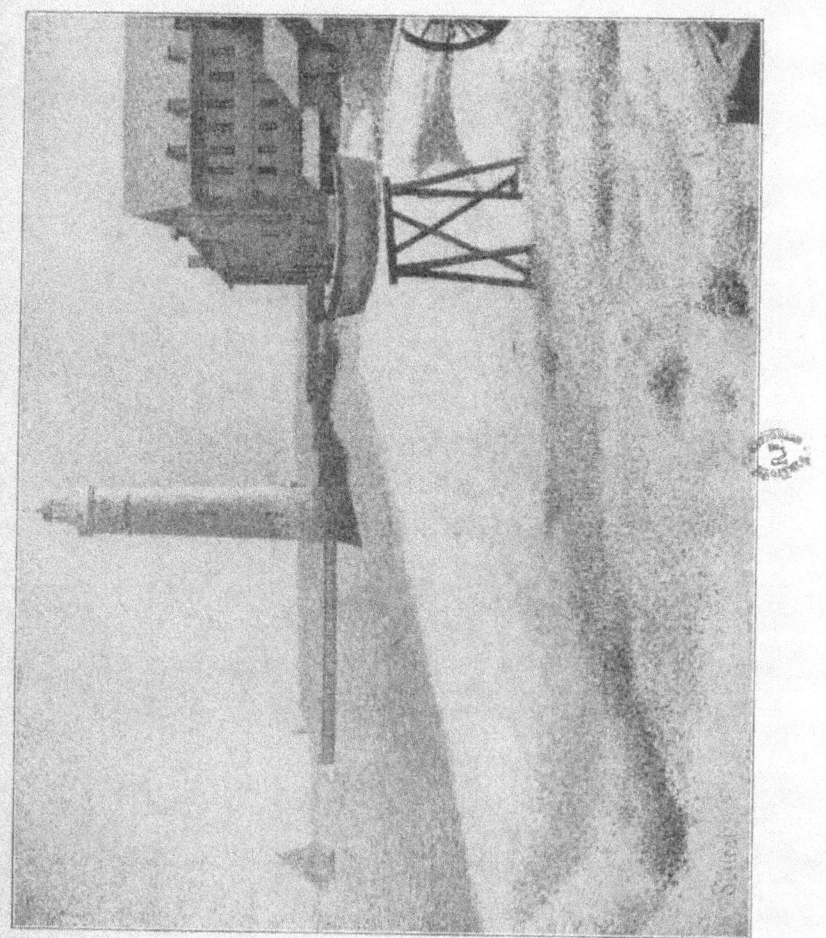

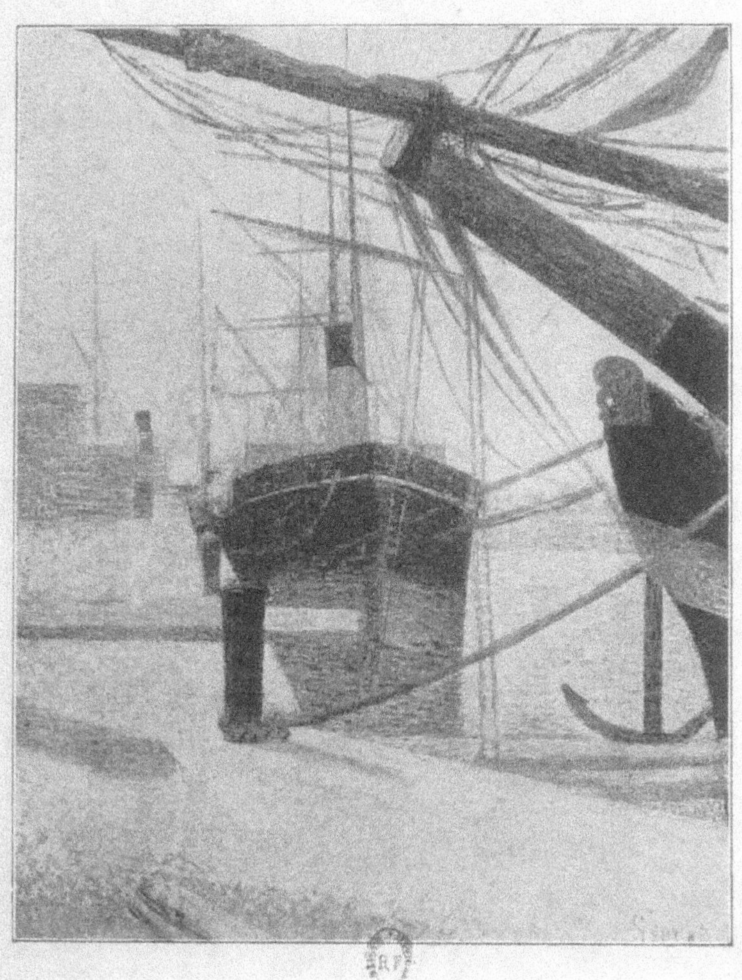

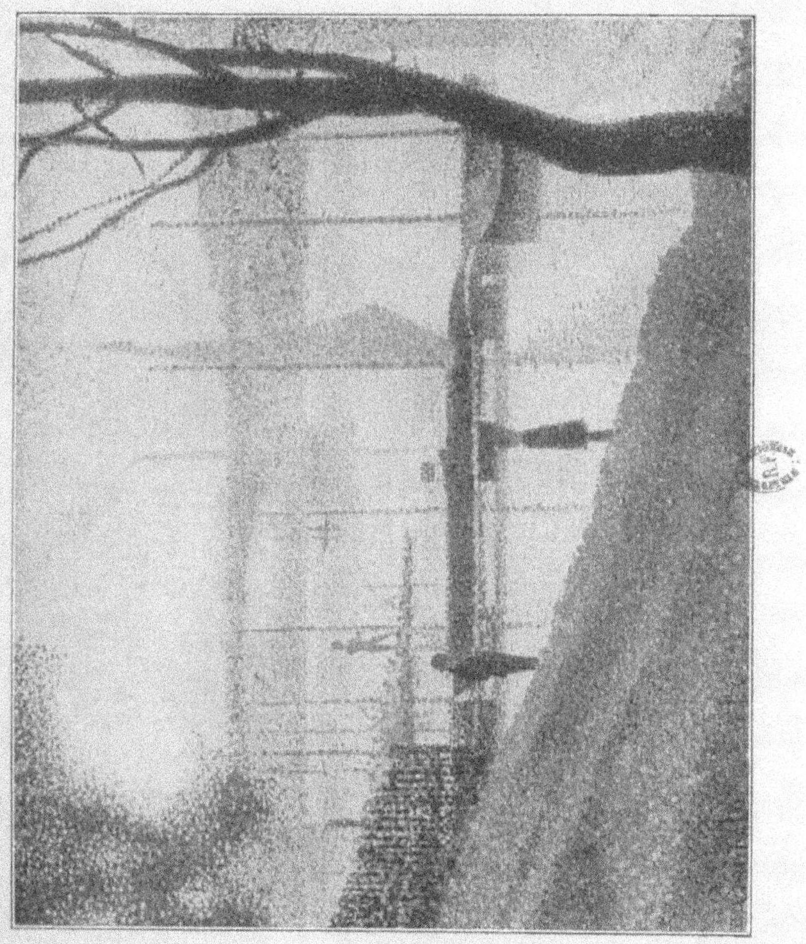

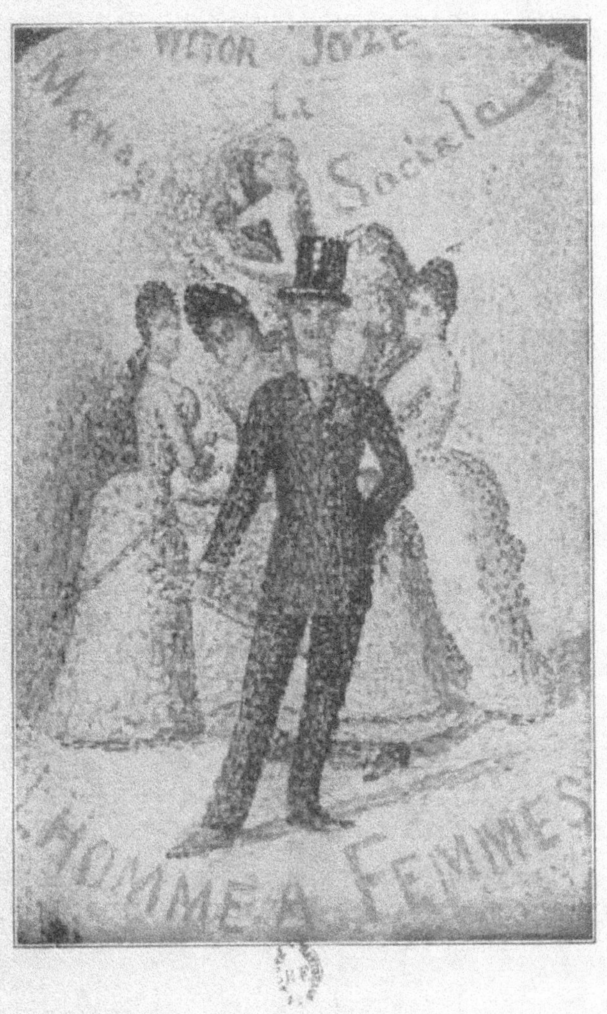
VICTOR JOZE
La Société
Ménagère
L'HOMME A FEMMES

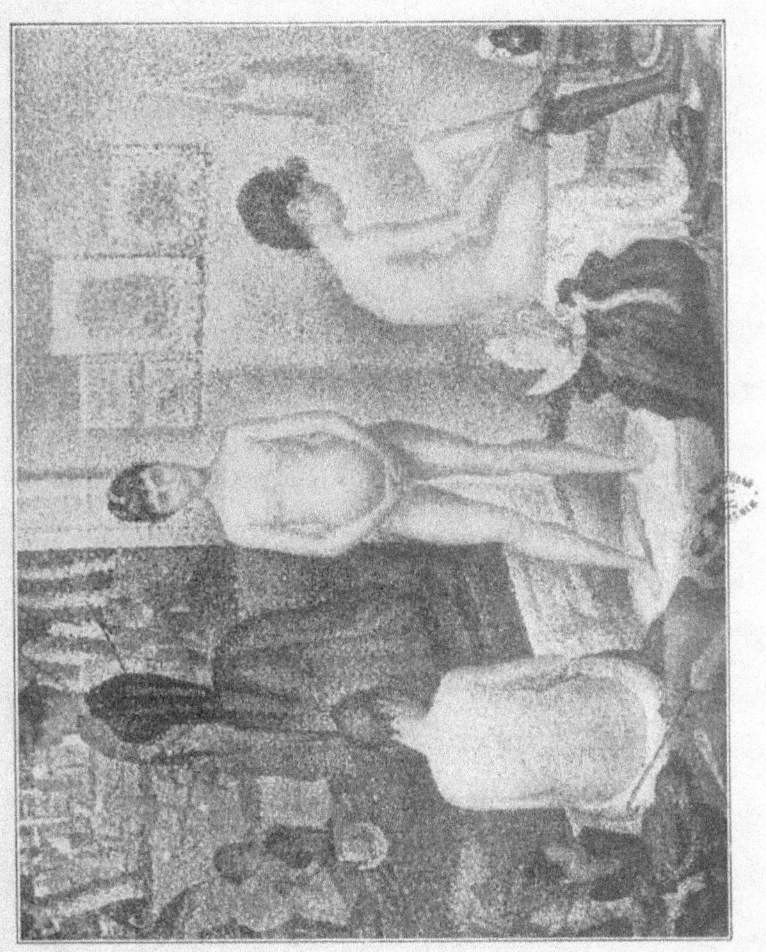

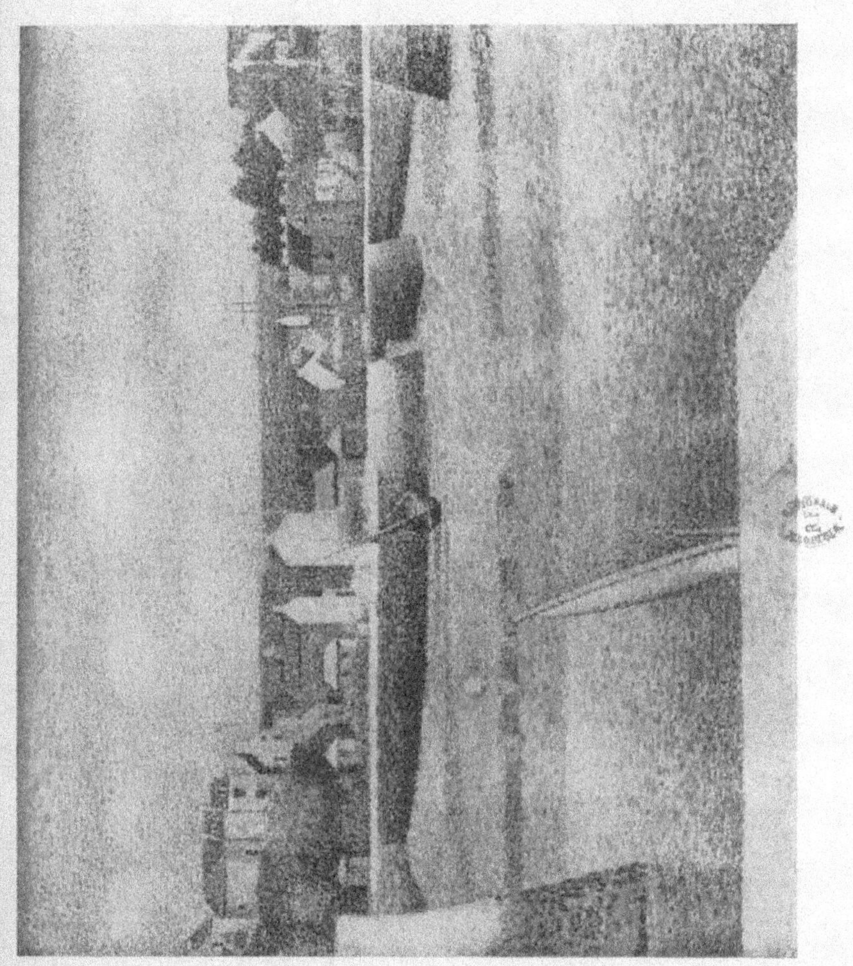

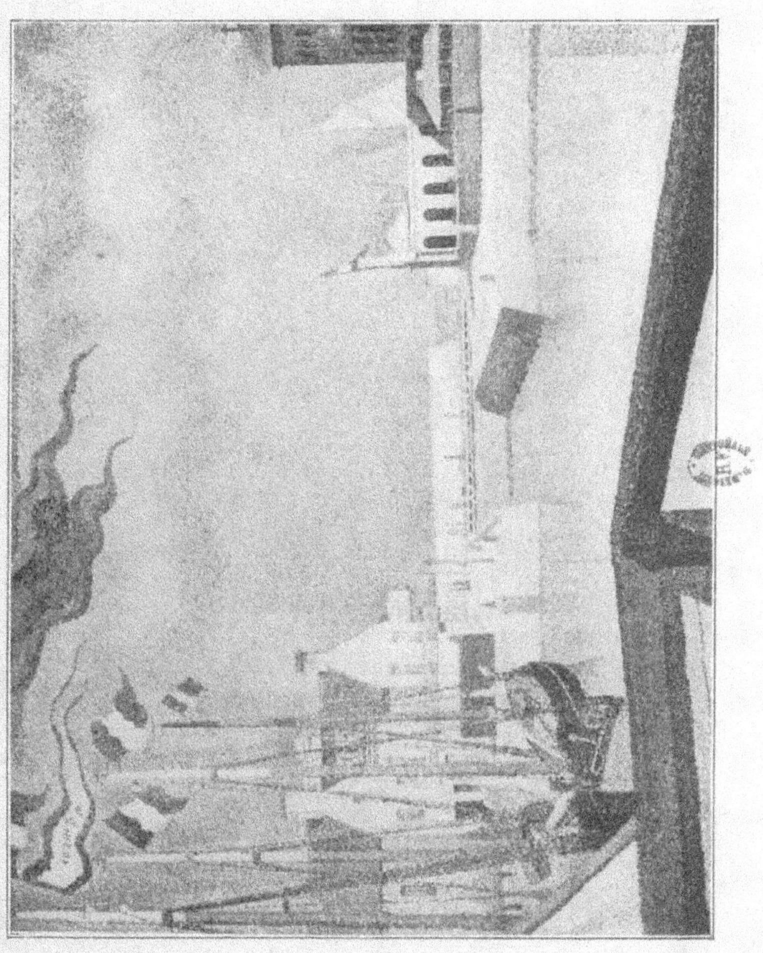

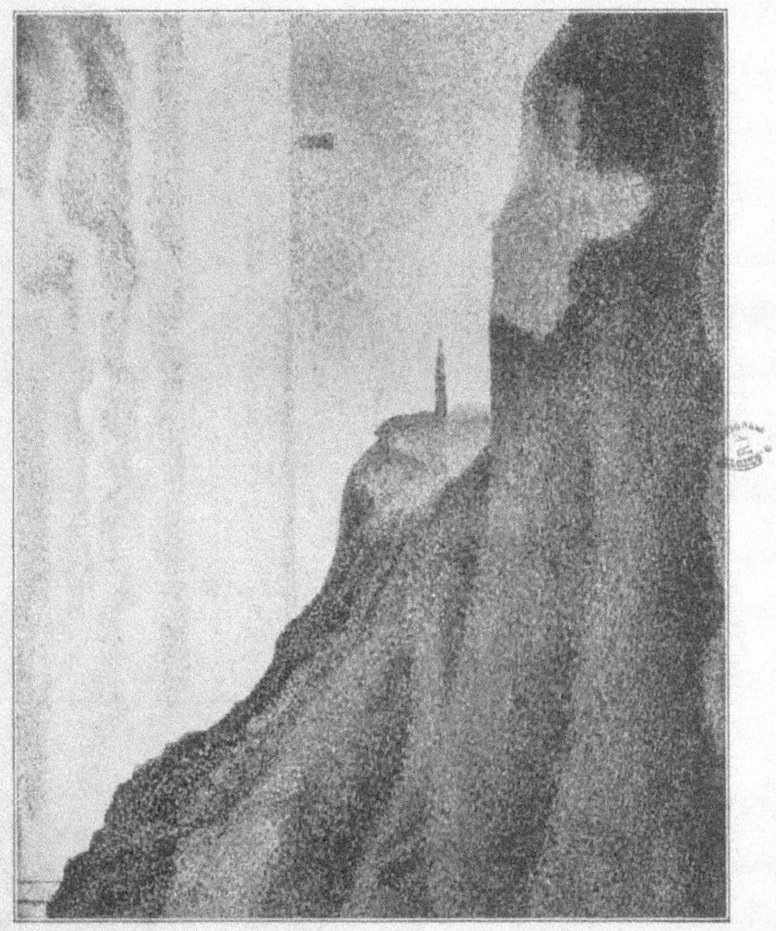

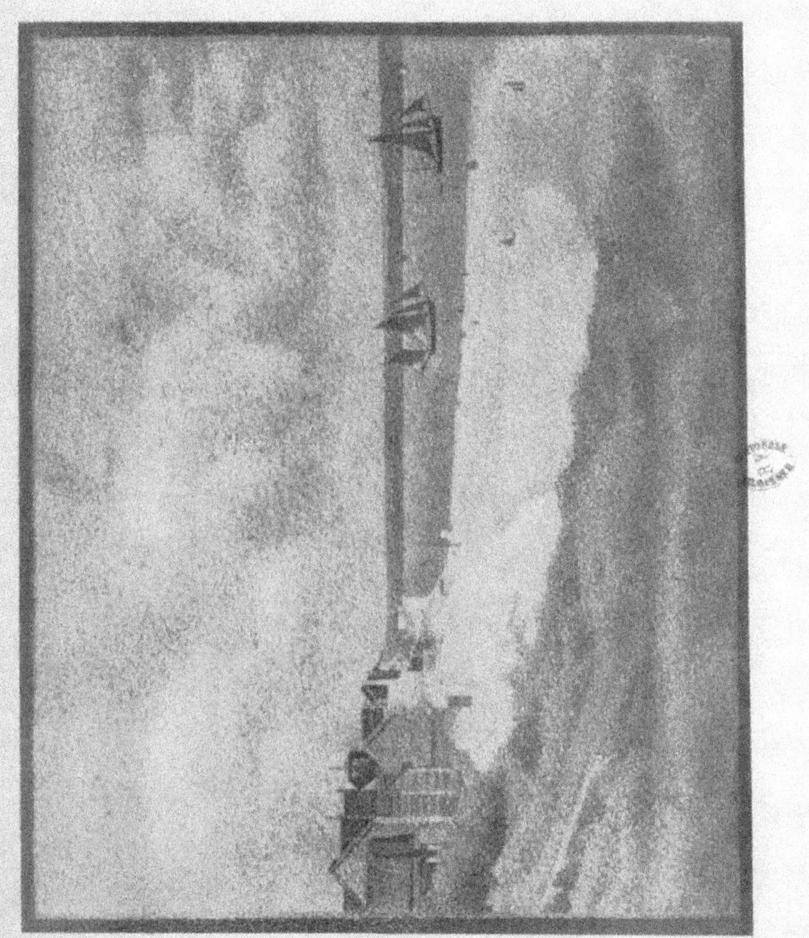

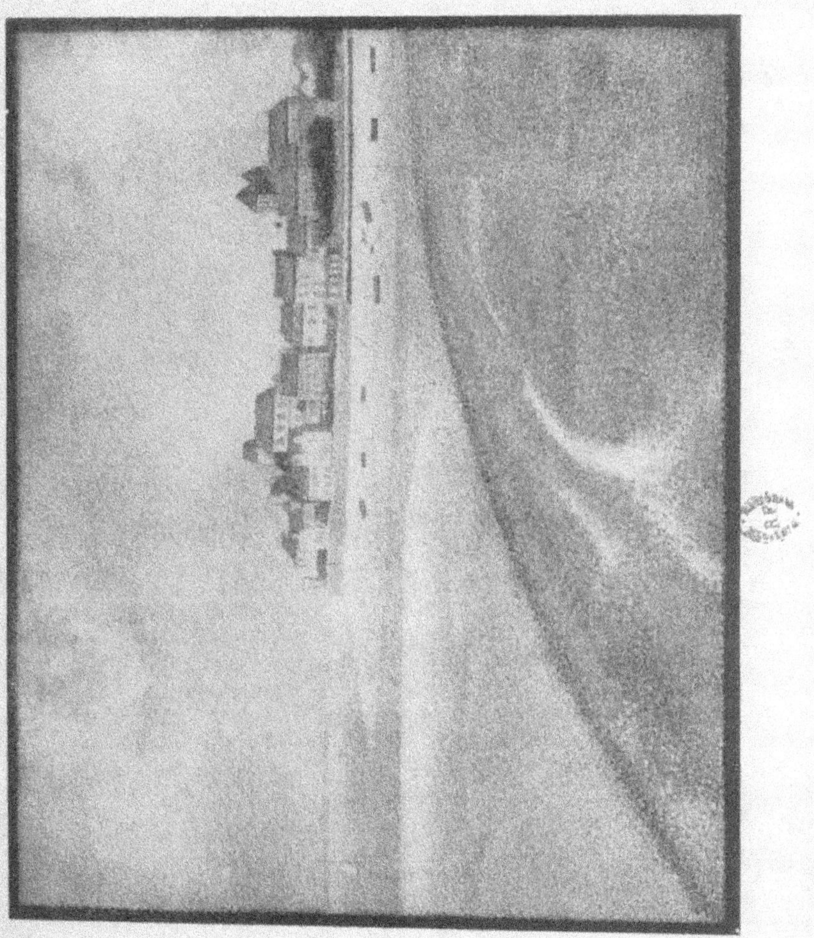

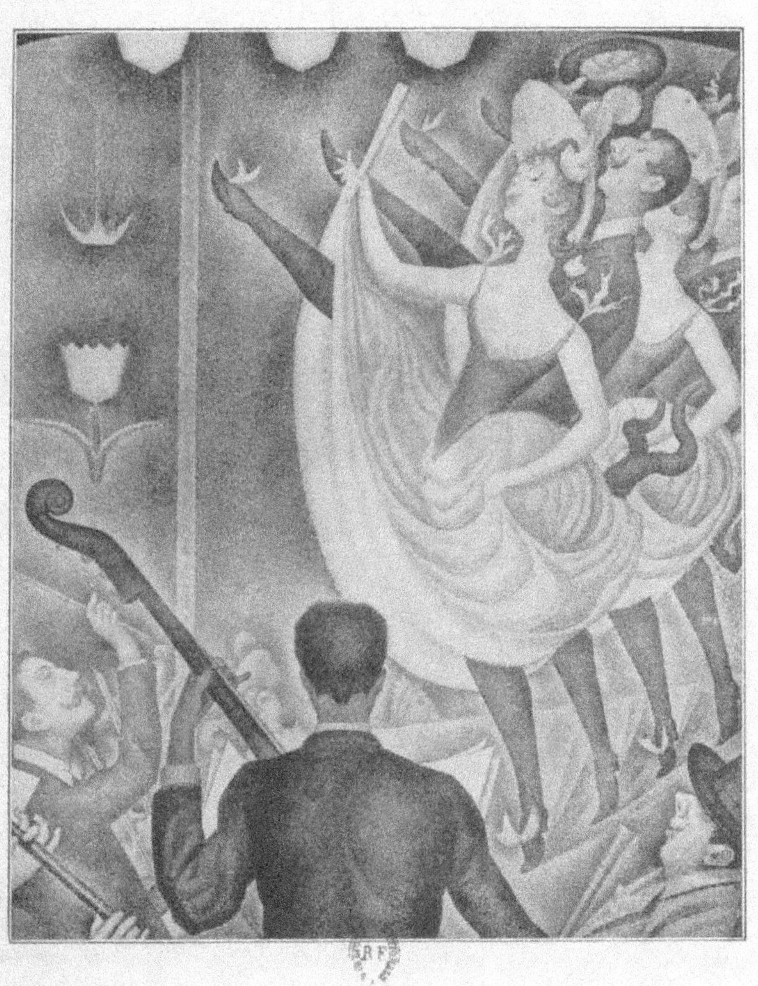

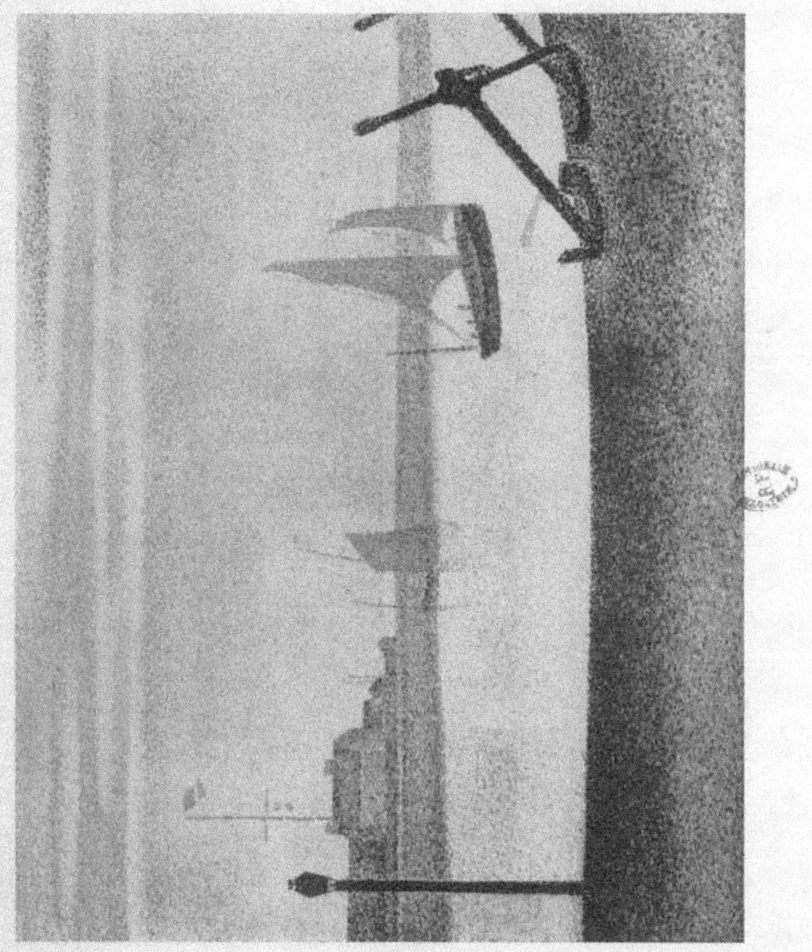

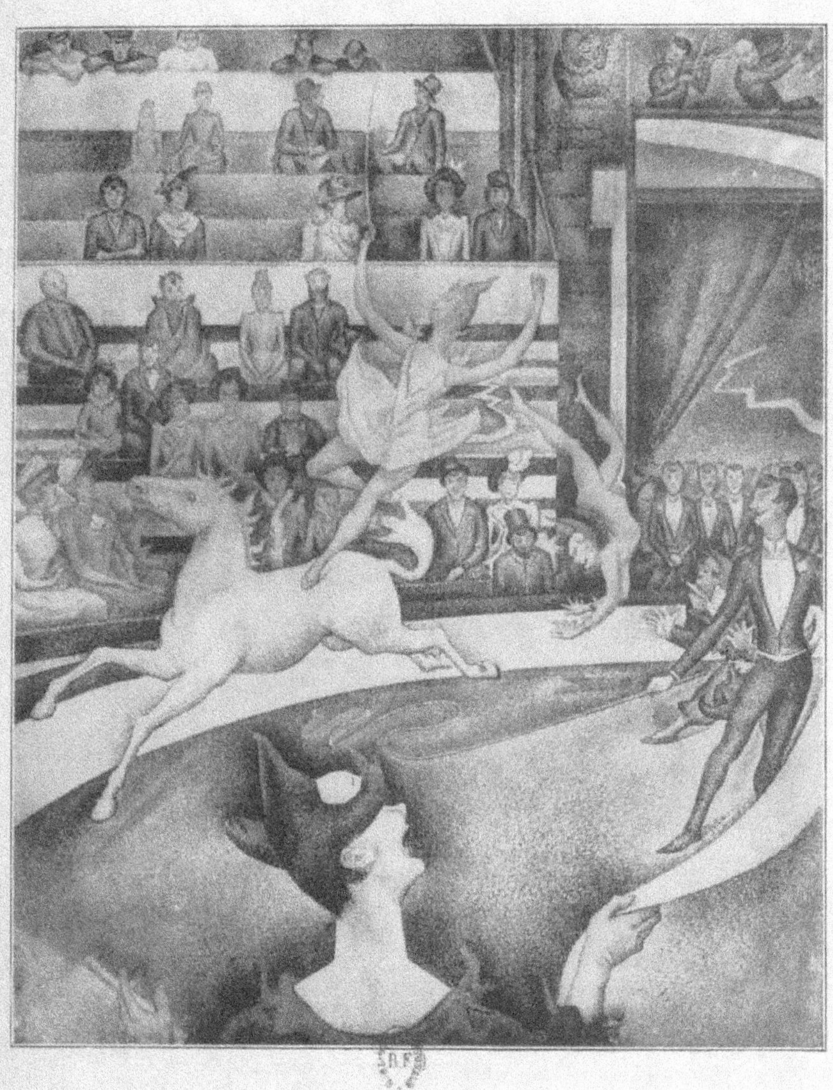

XXX DESSINS

DE

GEORGES SEURAT

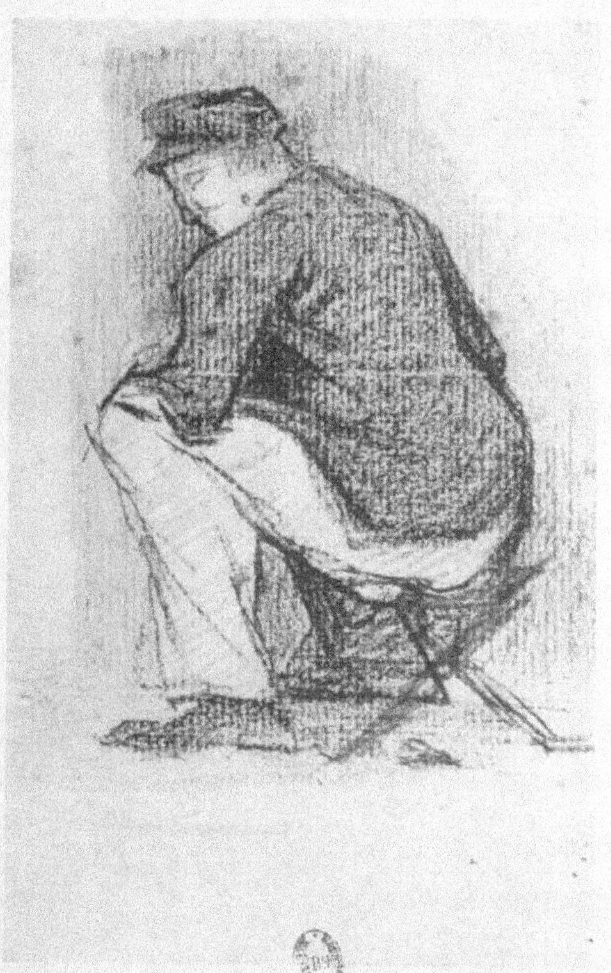

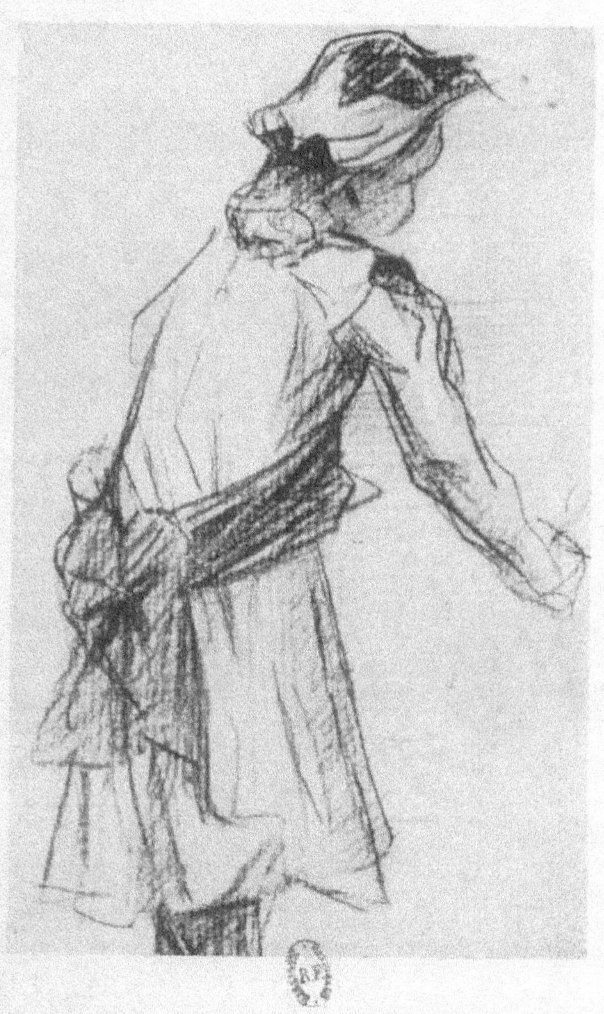

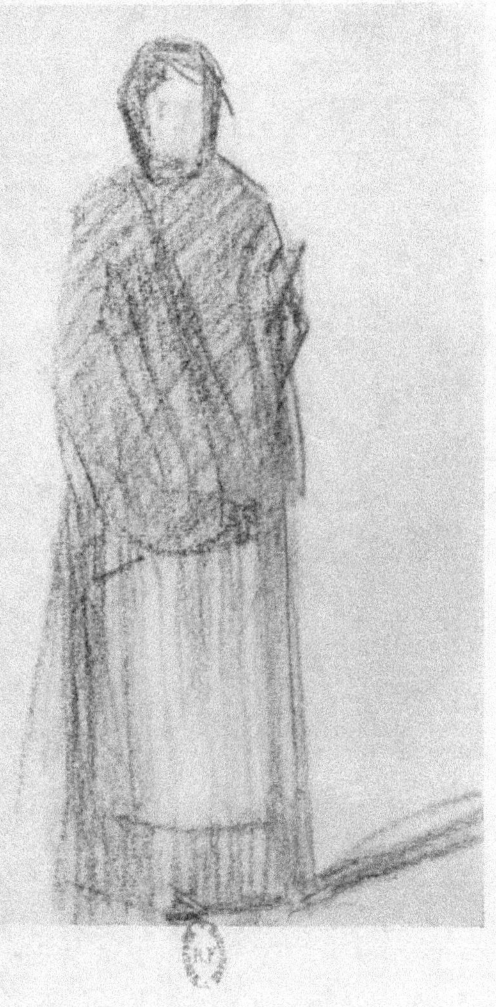

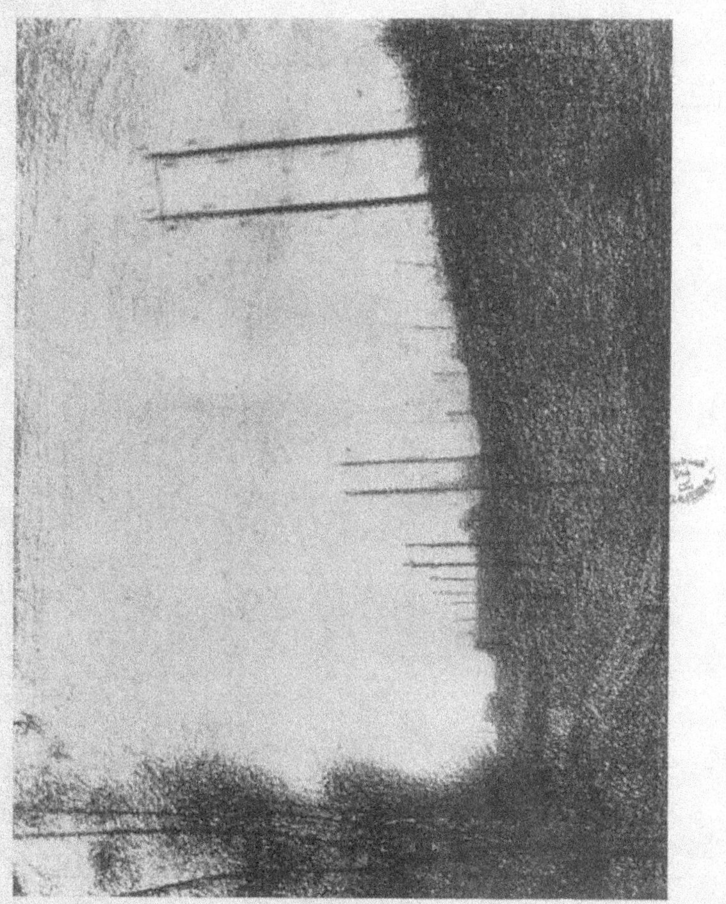

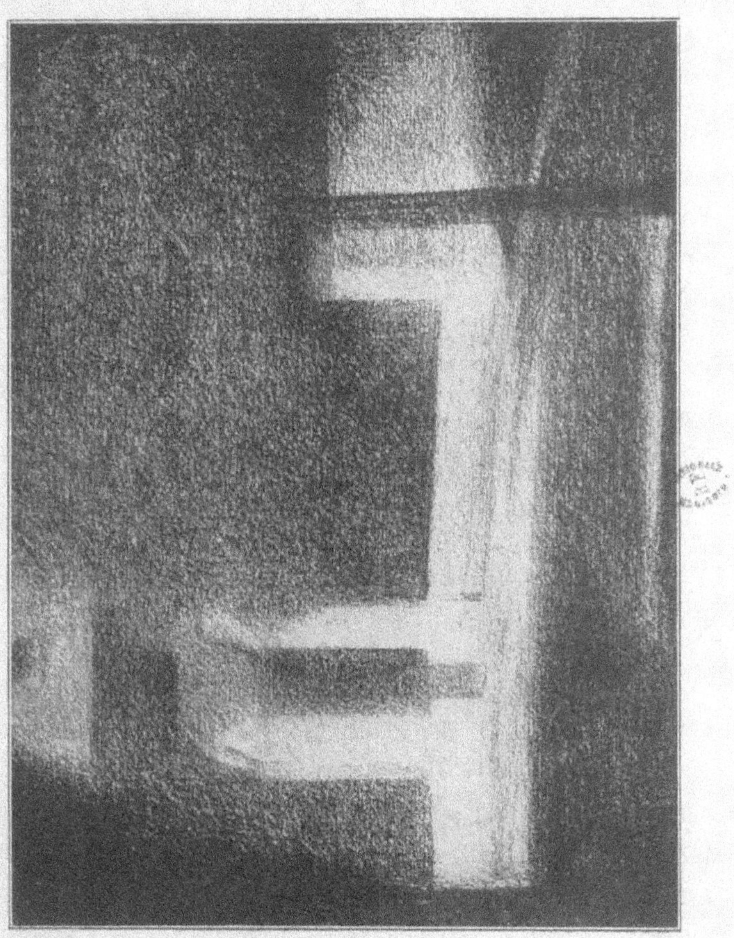

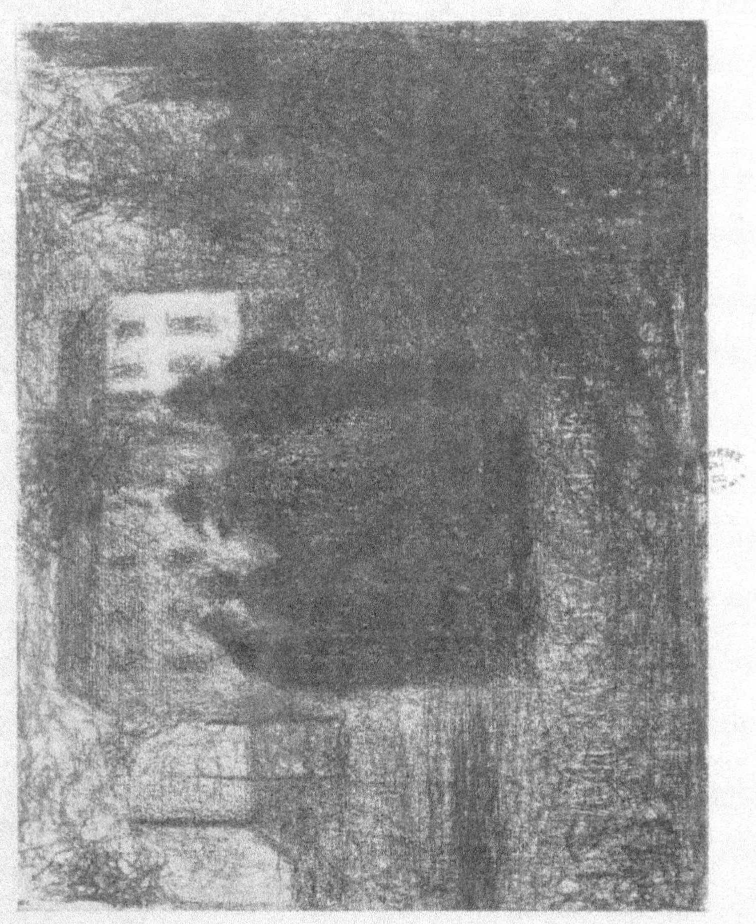

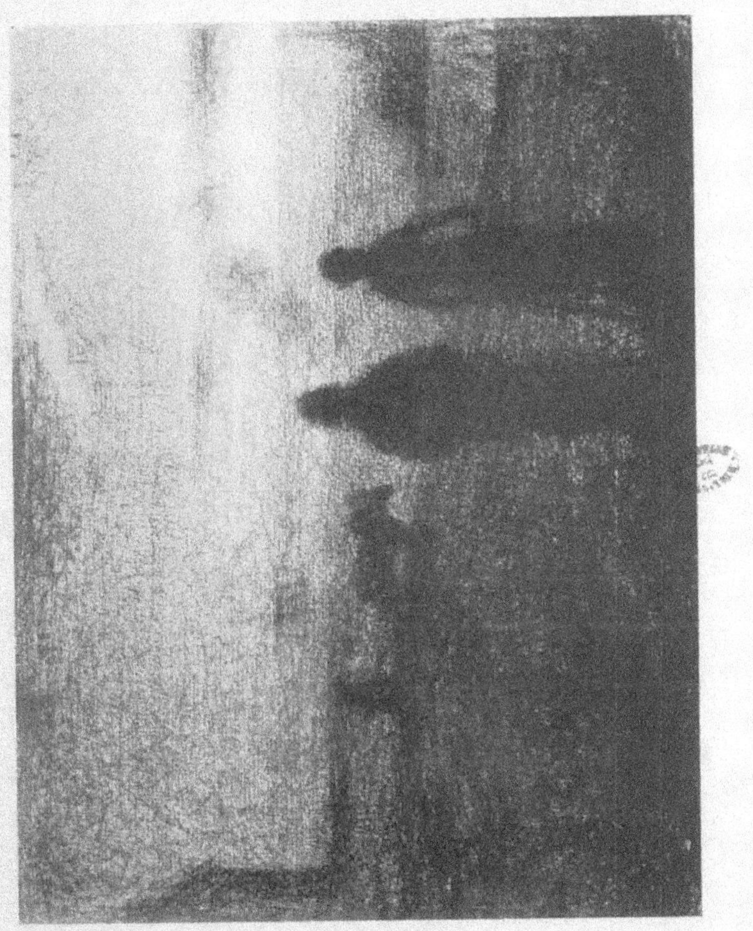

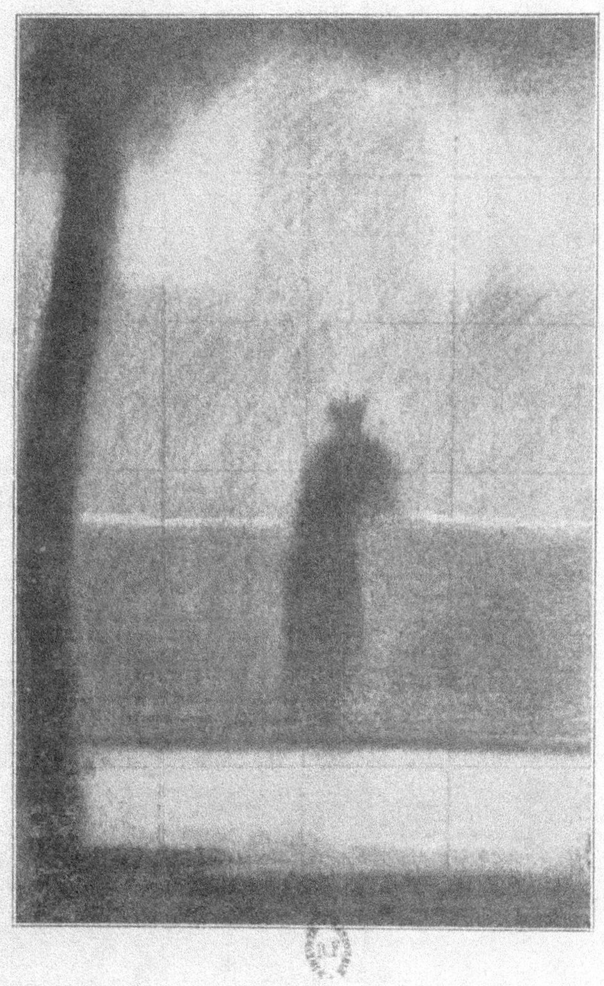

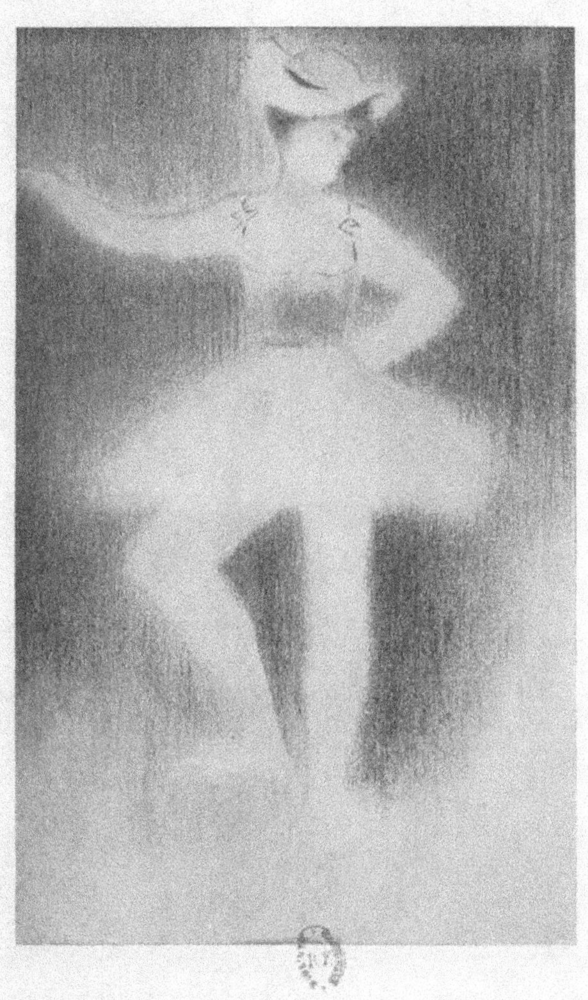

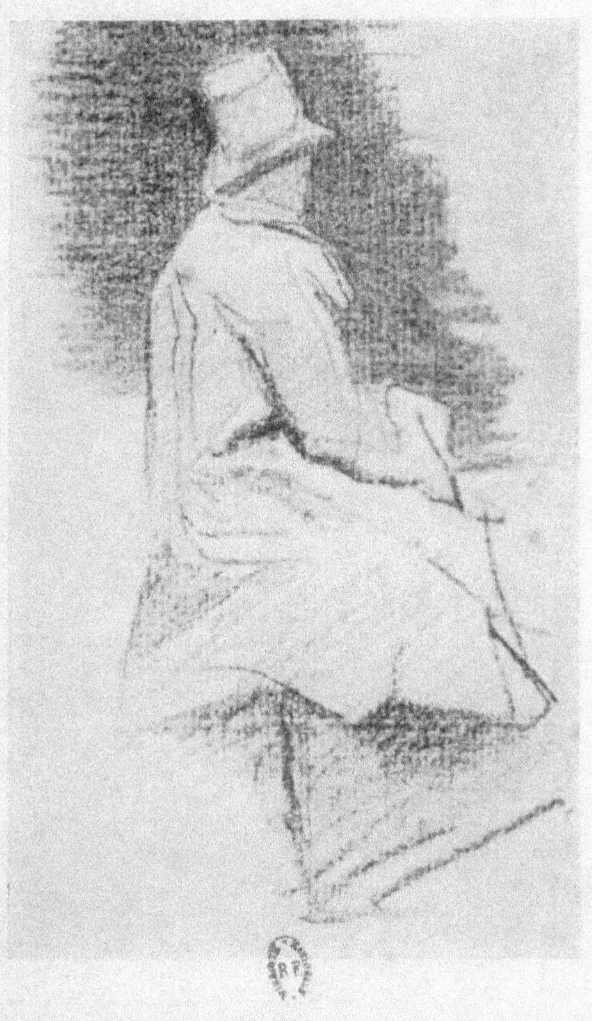

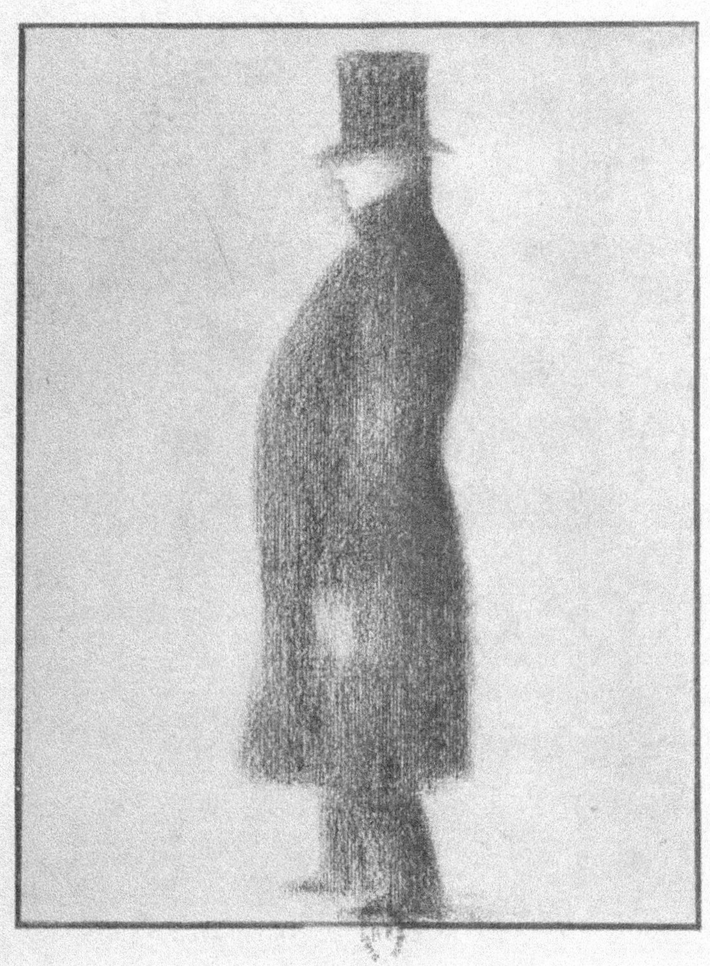

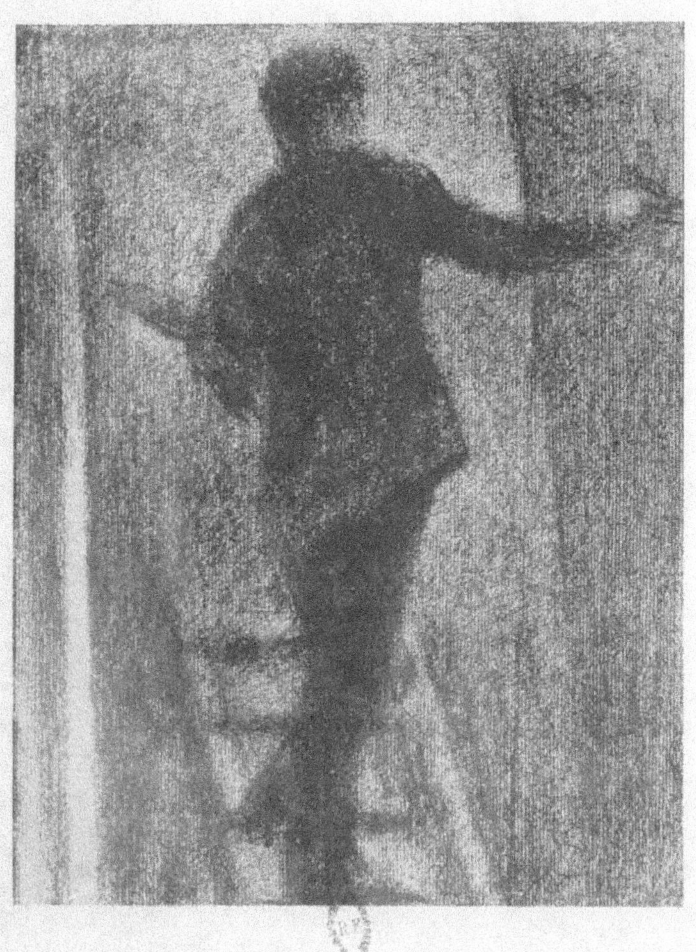

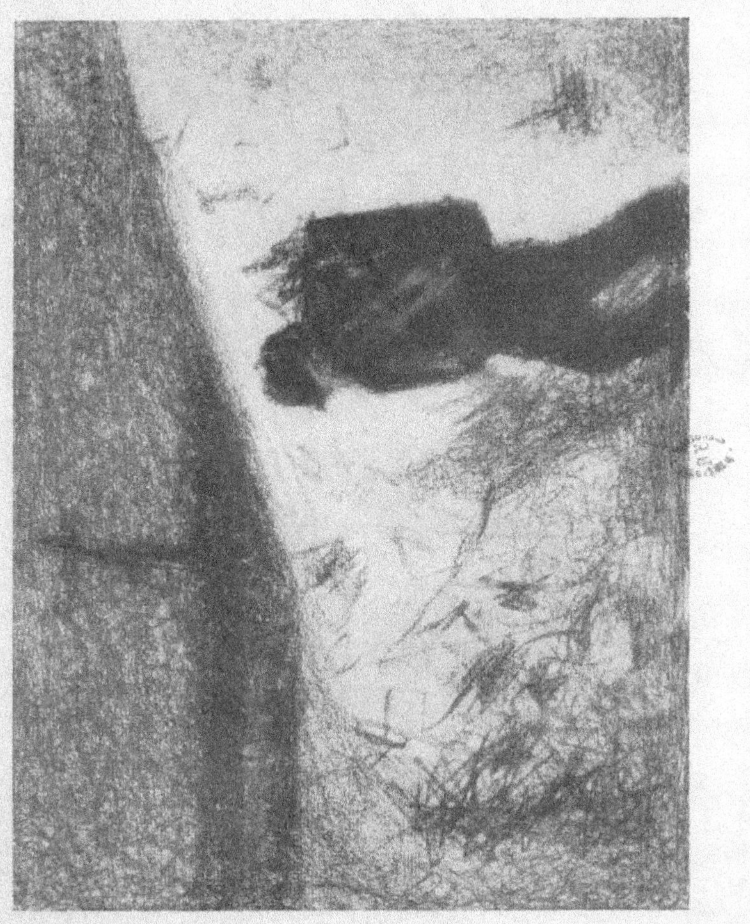

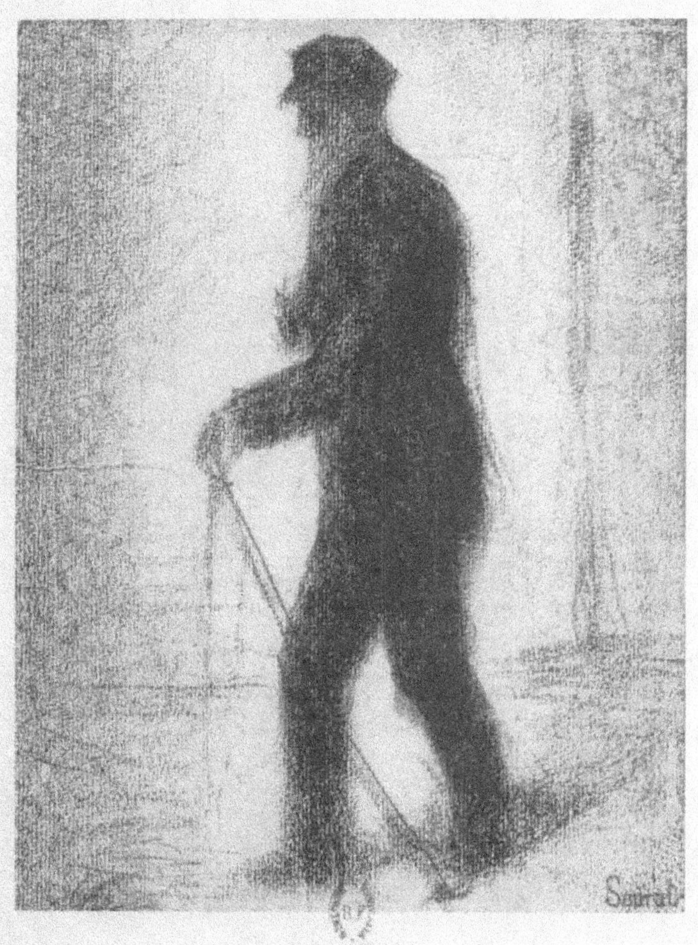
Seurat

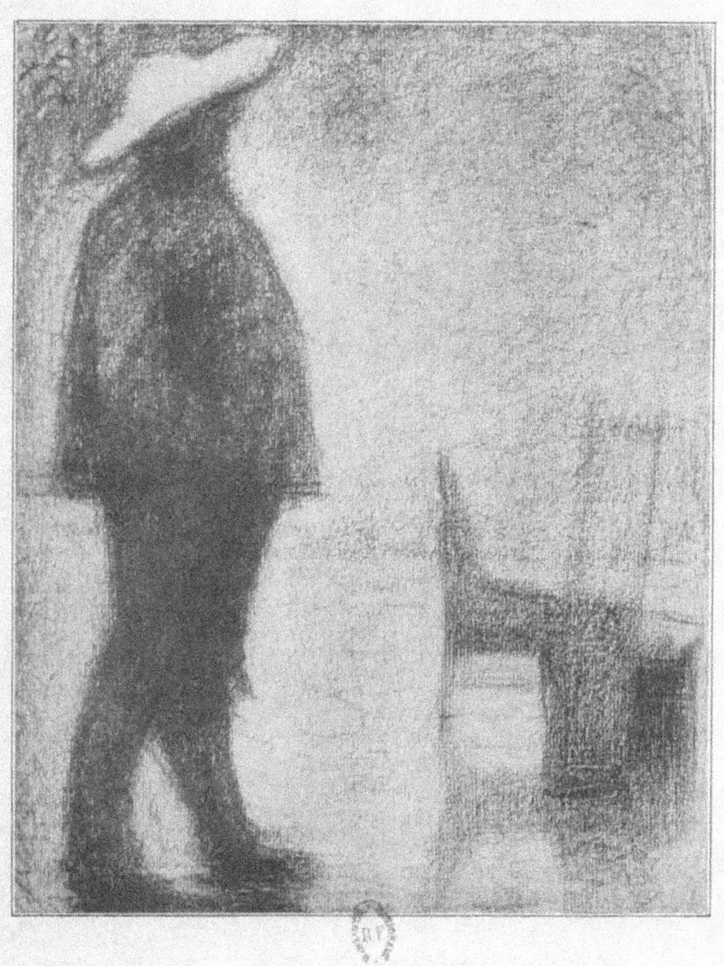

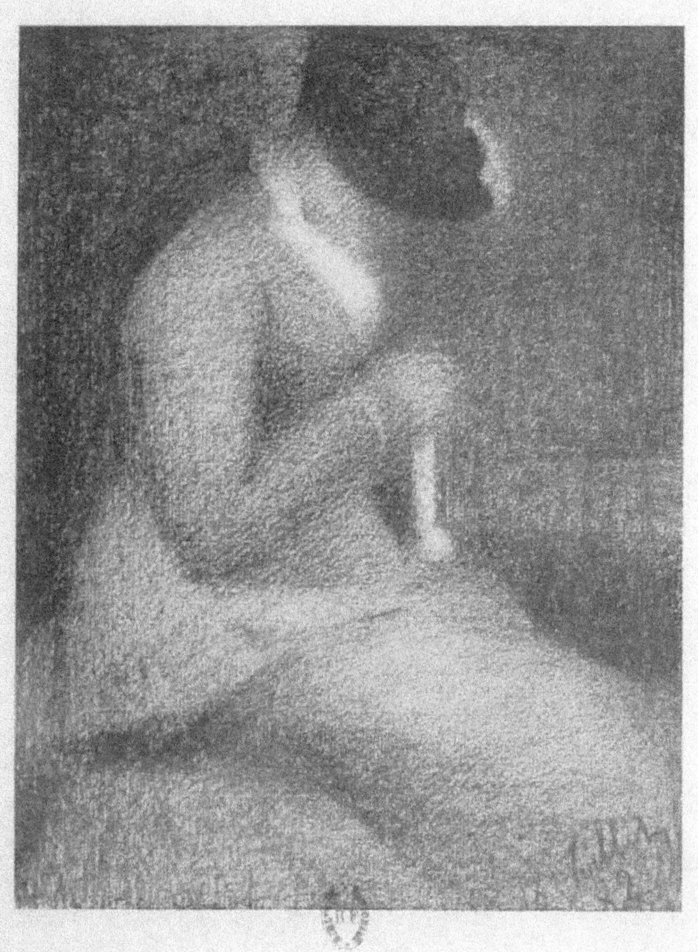

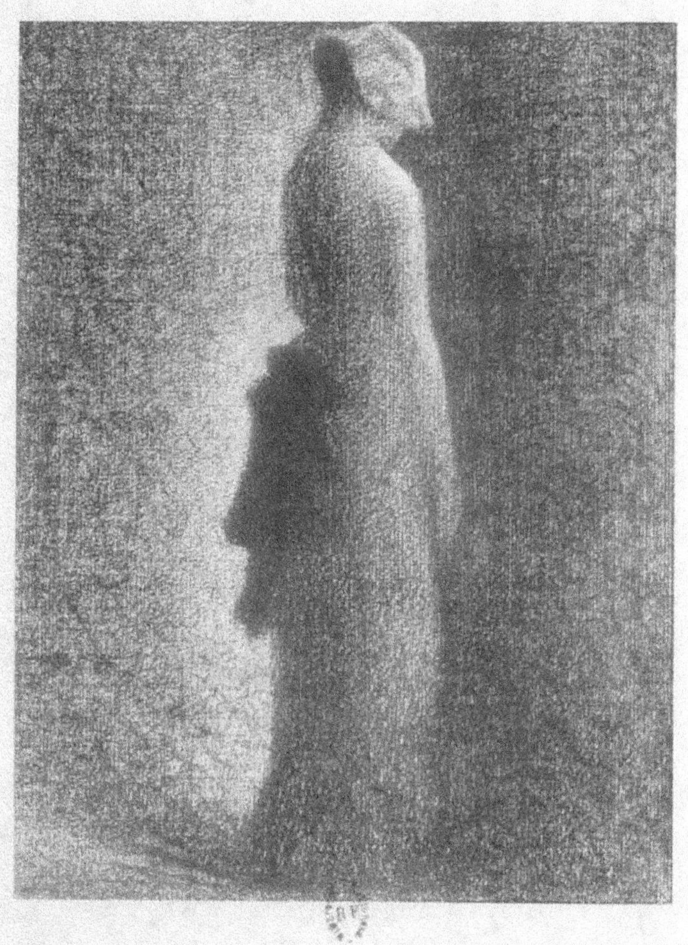

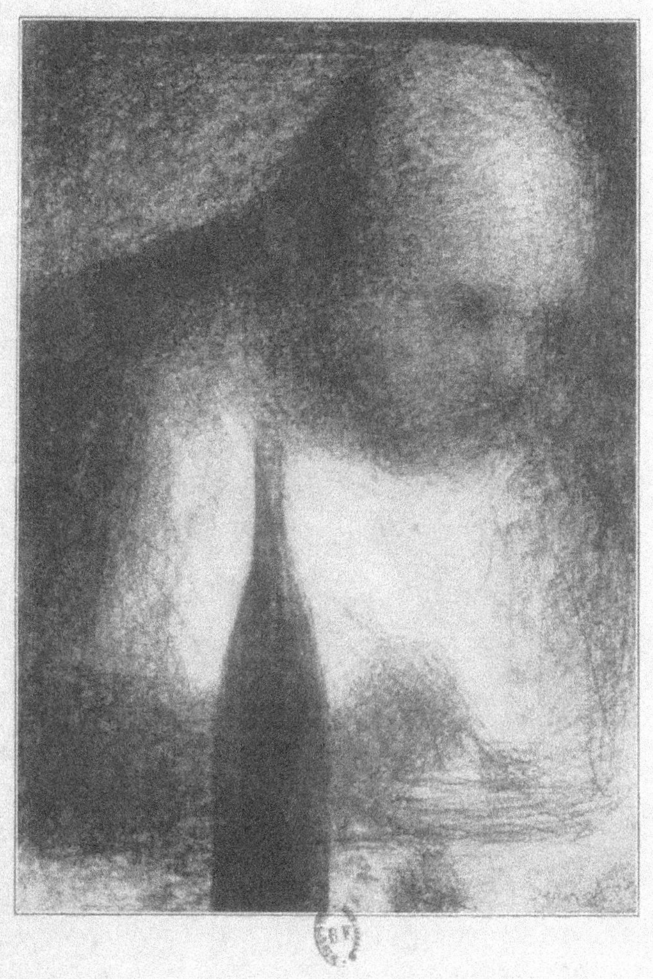

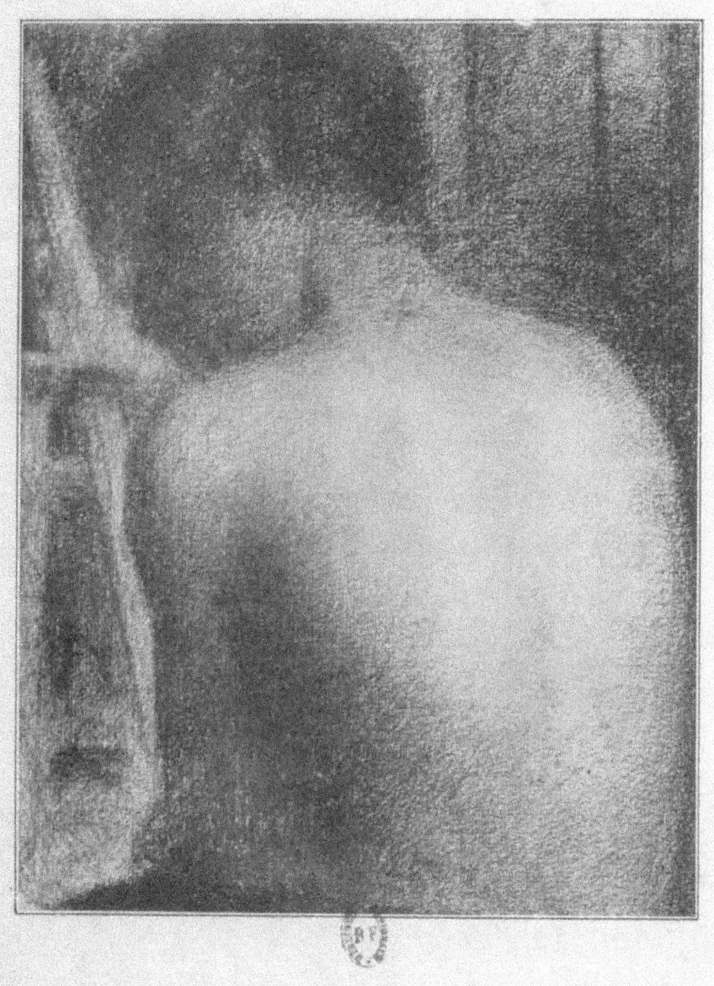

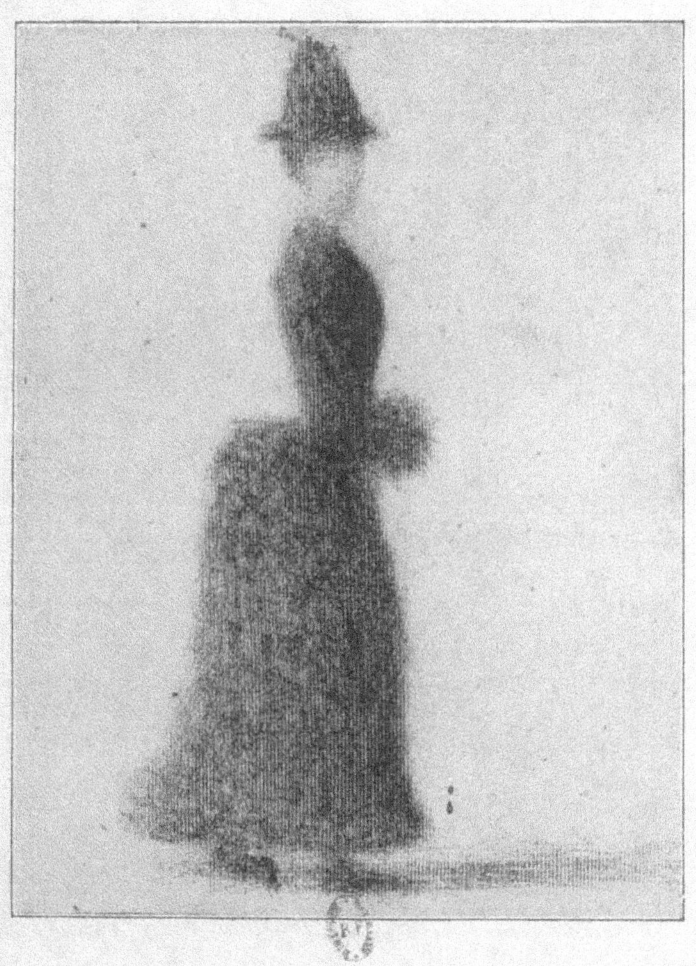

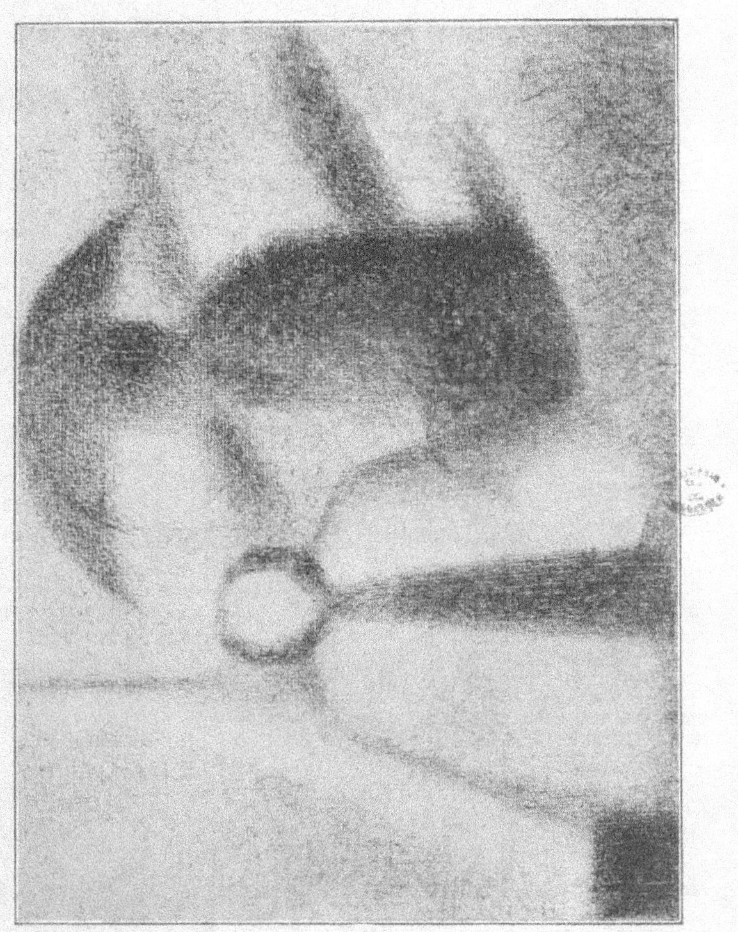

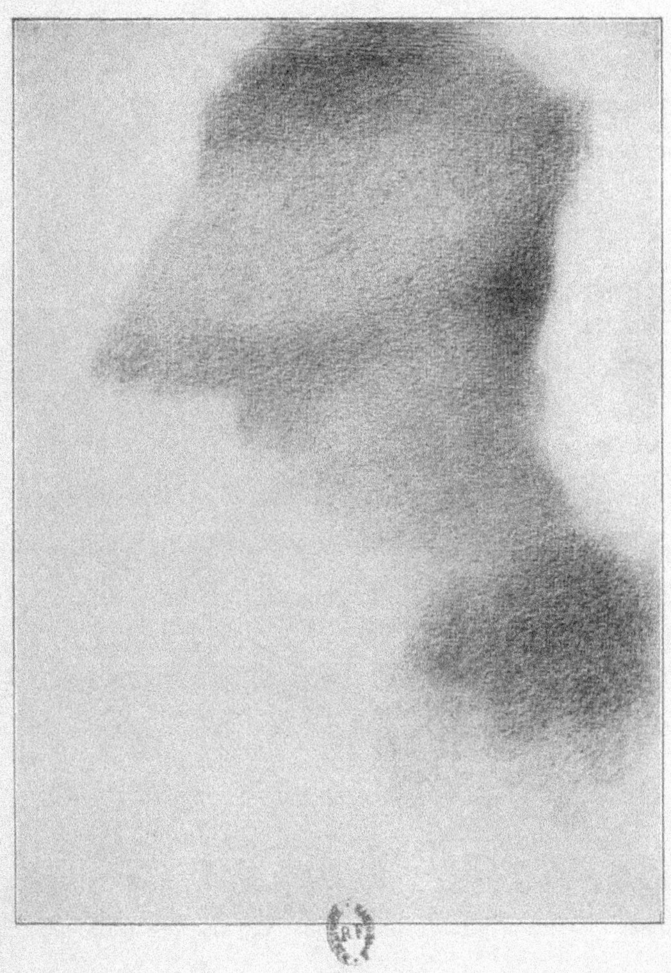

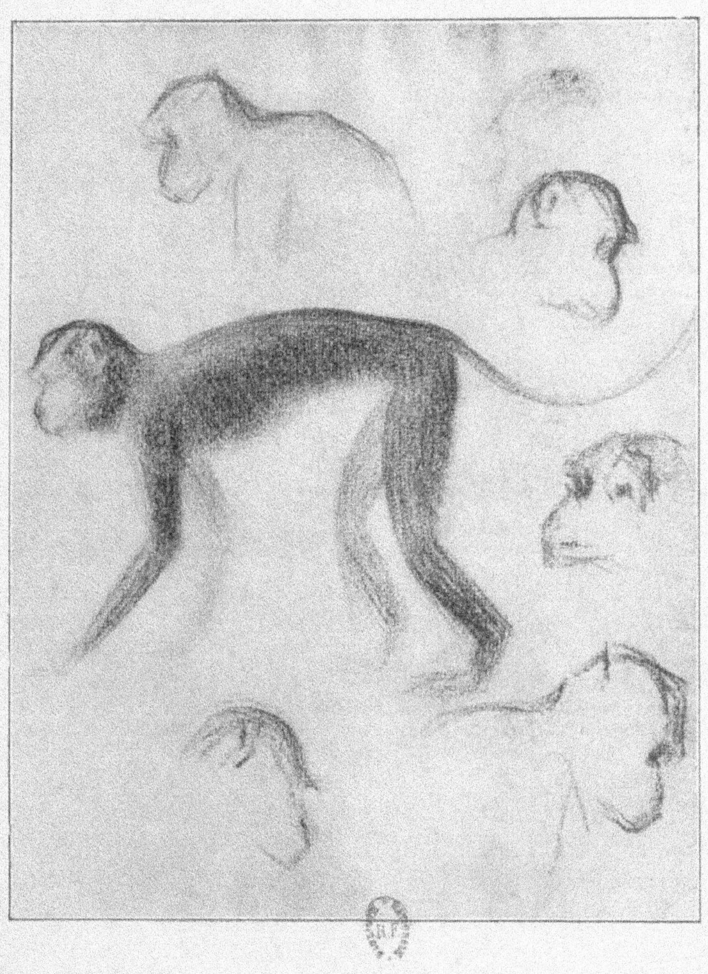

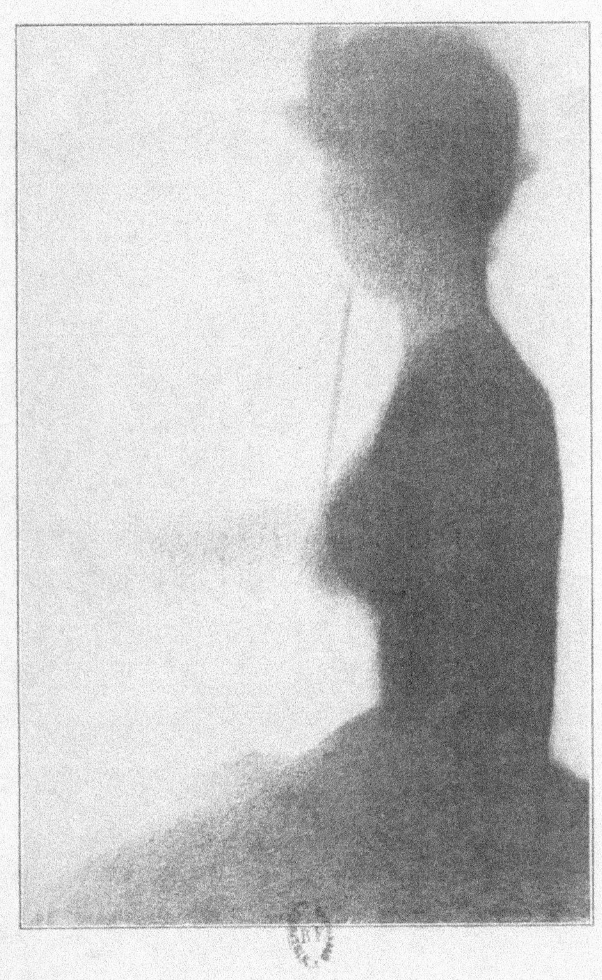

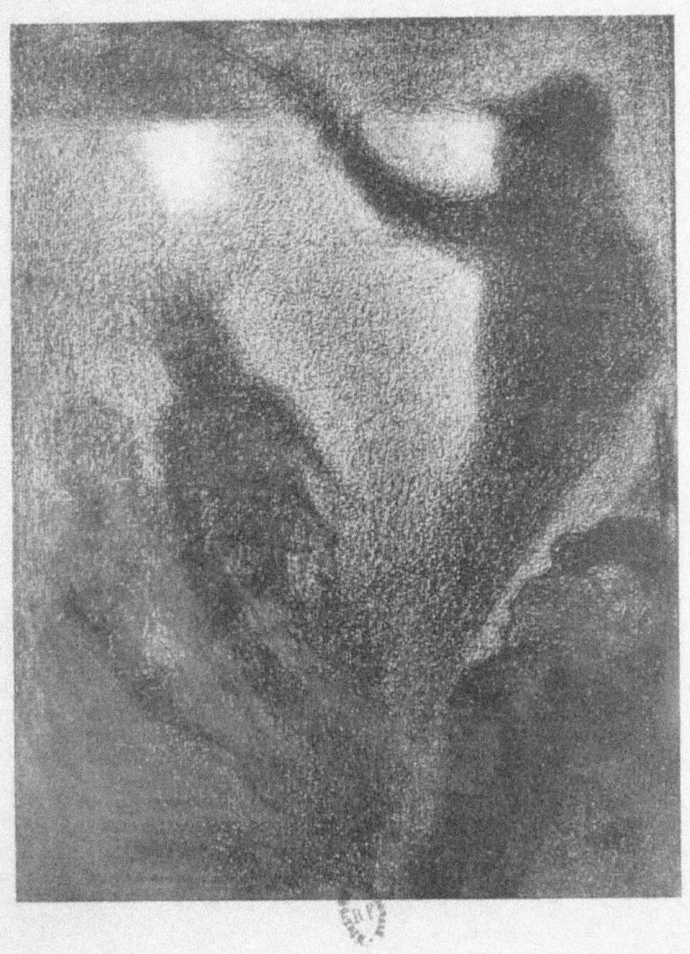

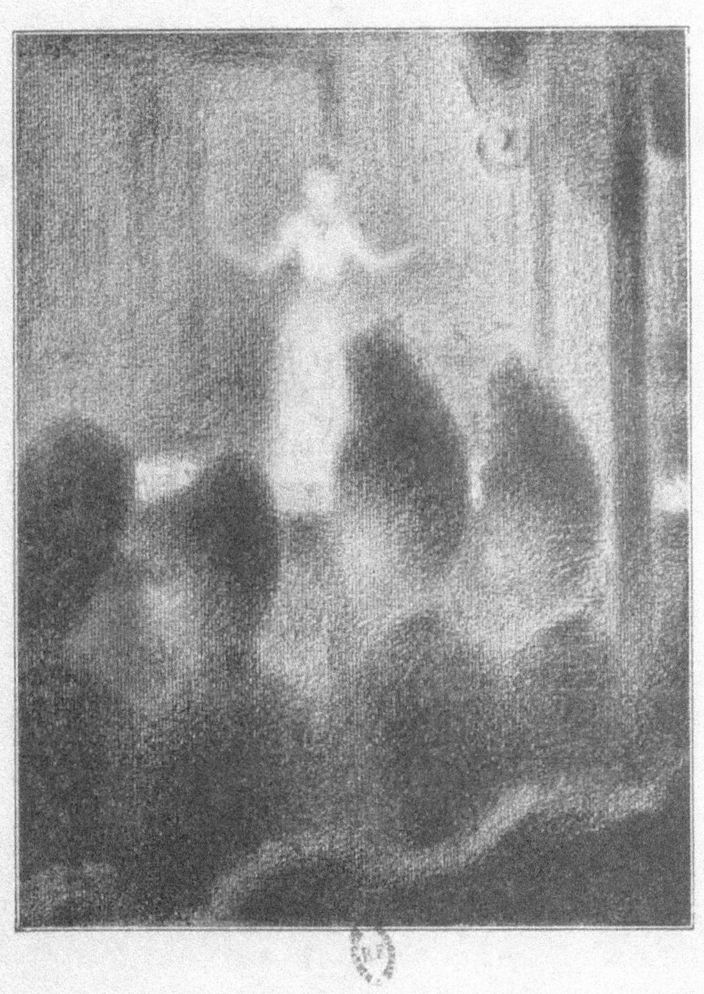

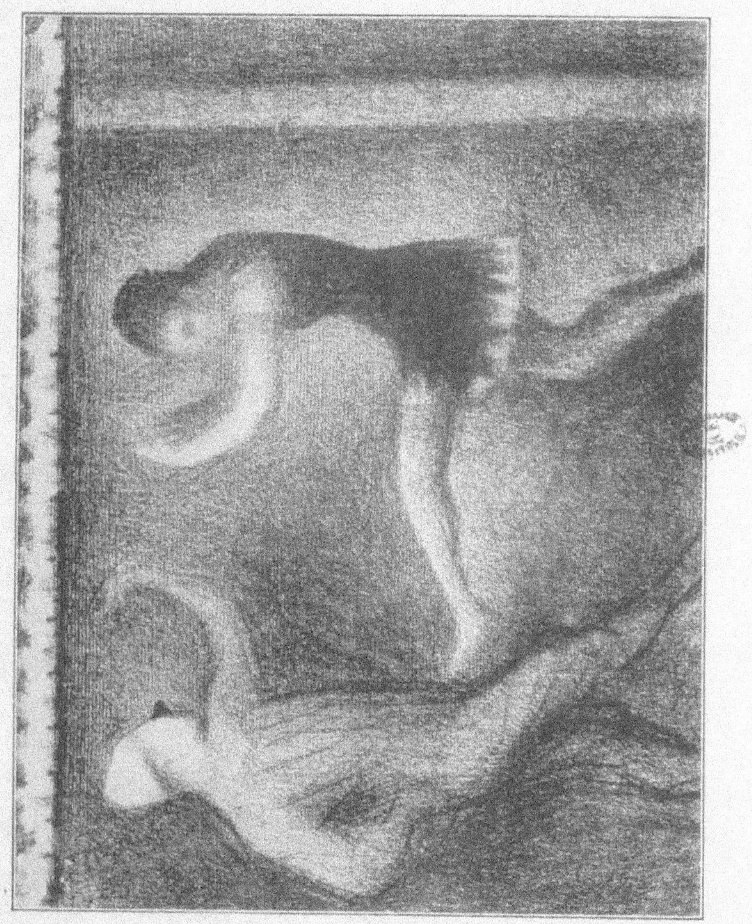

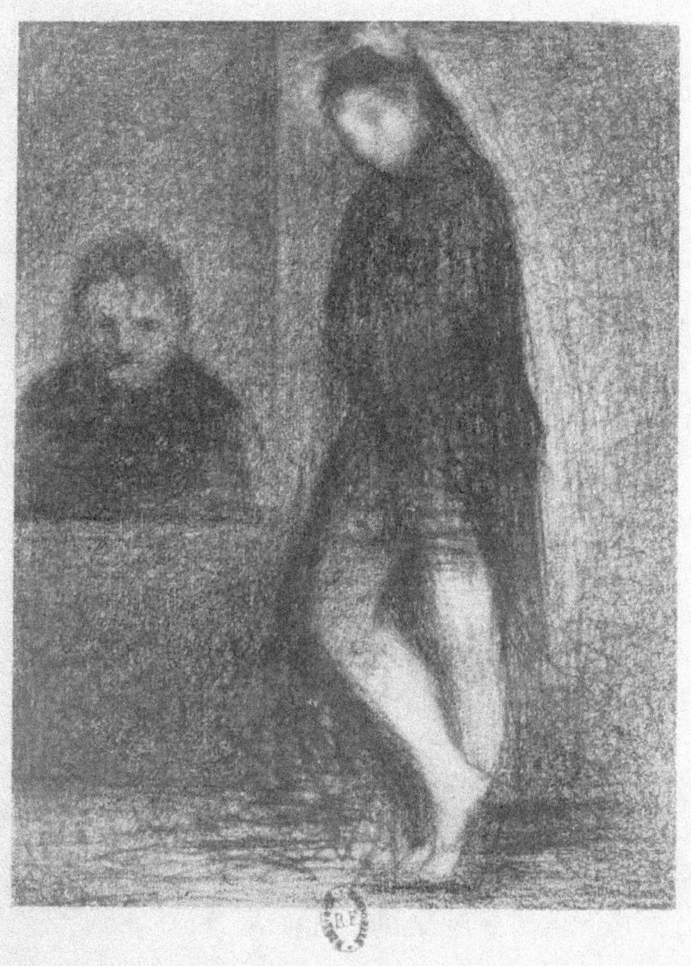

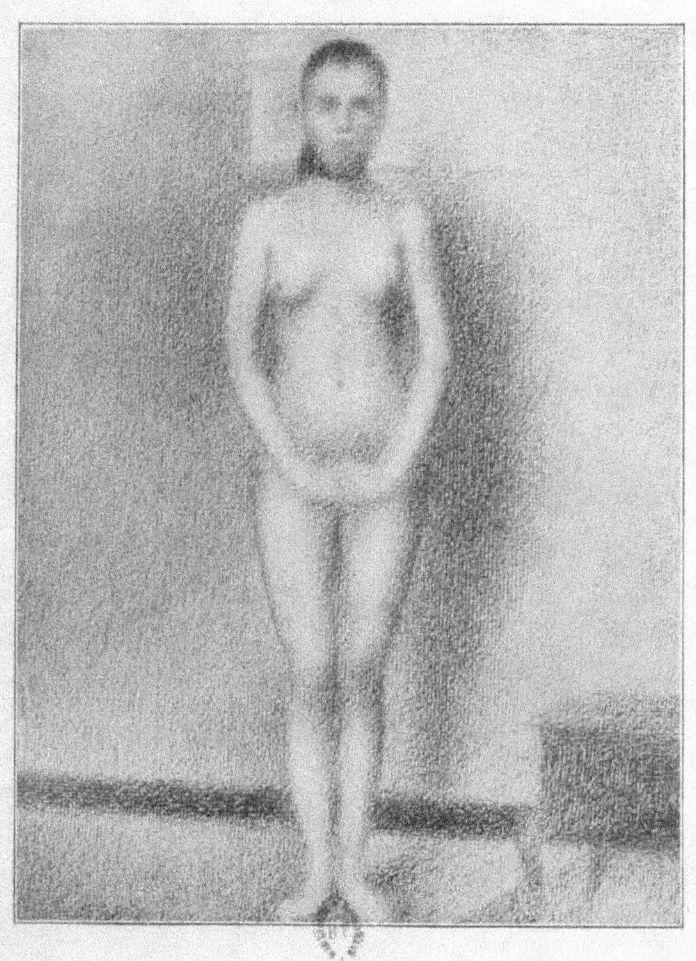

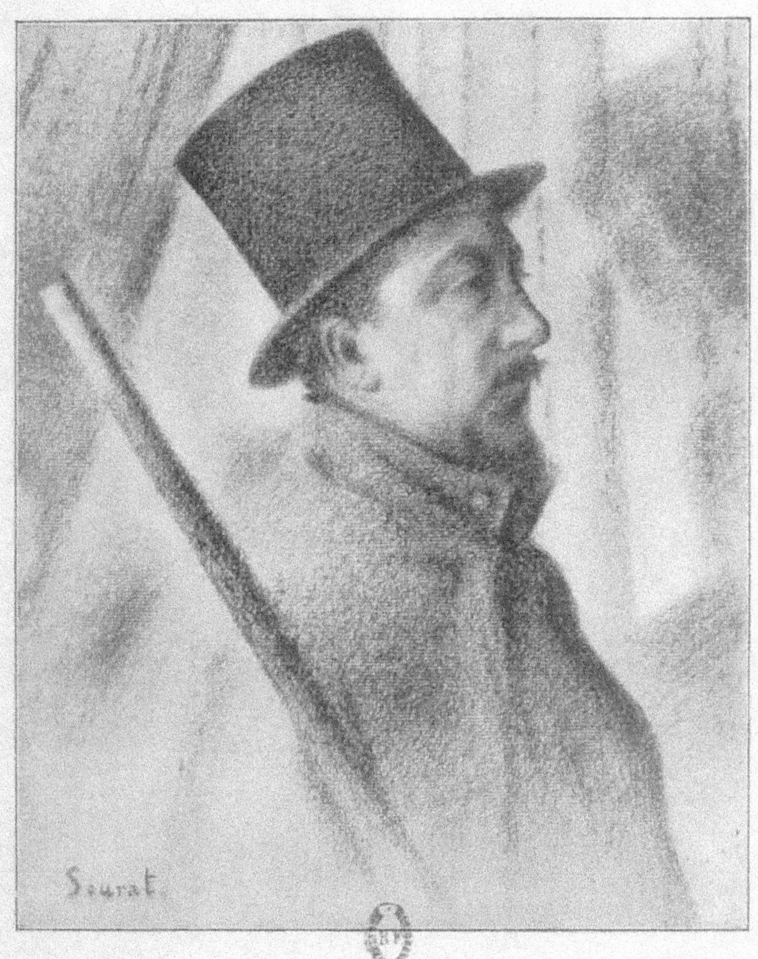

Seurat.

TABLE DES ILLUSTRATIONS

PEINTURES

DESSINS AU CRAYON CONTÉ

Photographies de la Librairie de France à Paris.